La Revolución Bolivariana en España
Por: Fernando Robledo Pereira.

Índice:

	Página
Introducción	01
Todo empezó con Fidel Castro	03
Fidel Castro fija sus ojos en Venezuela	10
Las dos intentonas golpistas en Venezuela de 1991	15
El auge de Hugo Chávez en Venezuela	24
La ideología de Hugo Chávez	28
El petroleo venezolano como arma de financiación de la revolución chavista en el mundo	32
La incursión chavista en la política española	50
La moción de censura en 2018 en España	66
El papel de Podemos en la llegada de Pedro Sánchez al poder	68
El caso "Delcygate"	78
El papel y futuro de Podemos en España	82
Algunos escándalos en Podemos	86
El fin de la carrera política de Pablo Iglesias	95

Introducción.

Hace casi 30 años, me mi obligado a dejar mi trabajo, mi familia, mi casa, mis amigos en Venezuela. La causa de ello: Hugo Chávez y su revolución bolivariana. Antes de dejar el país, me tocó vivir en primera persona el auge de Hugo Chávez, con sus dos intentonas o golpe de Estado. Vi, en primera persona, como un personaje, con un discurso de odio, y de mentiras revolucionarias, convencía a un sector de la sociedad venezolana, asqueada, o cansada de los partidos políticos tradicionales. Al igual que su padre ideológico Fidel Castro, antes de llegar a poder, Chávez decía que era un profundo demócrata, que respetaba la propiedad privada, la libertad de expresión, y lo más increíble aun, renegaba en alguna medida del comunismo, con un falso discurso patriótico bolivariano. 20 años después, en España, me ha tocado vivir de nuevo, esos fantasmas del pasado, gracias al auge de un señor llamado Pablo Iglesias, y su partido Podemos.

Para quienes hoy ven a España, como una democracia solida, resulta llamativo, que desde el año 2015, en ese país, exista legalmente, una formación política, llamada Podemos, que aboga por acabar con esa democracia, anunciando a los cuatro vientos, que pronto se instaurará una república, inspirada en los ideales revolucionarios de Lenín, o de Hugo Chávez.

España, actualmente tiene una monarquía parlamentaria constitucional, la cual, desde la muerte de Francisco Franco en 1975, ha aportado muchísimo a la modernización de la sociedad española. Quizás para algunos, suena contradictorio, que una institución como la monarquía parlamentaria, pueda aportar desarrollo o progreso en un país. Pues, la verdad es que España no es el único país del mundo con éste tipo de modelo de monarquía parlamentaria. Los británicos, suecos, o daneses, la tienen, y nadie puede negar, que junto a España, son países que tienen un nivel de desarrollo y estabilidad, muy, pero muy superior, a otros modelos de gobiernos, como la República Bolivariana de Venezuela, en donde por decir algo, allí, literalmente, la gente se muere de hambre.

Por otro lado, resulta muy llamativo, los orígenes del partido español Podemos. Hay quienes señalan directamente a Hugo Chávez en Venezuela. También, hay quienes señalan a Irán, o Rusia.

Lo curioso, y cierto es, que no se entiende, como en 2014, de la noche a la mañana, surgió una formación política, convirtiéndose en poco tiempo, en la tercera fuerza política en un país, sin haberse antes gastado millones de euros en campaña. Queda preguntarse, de dónde salió el dinero?; quién está detrás de su financiación; qué intereses ocultos tienen; y cuál es su verdadero fin.

En éste libro, trato de dar repuesta al origen de Podemos, y el cómo en más de cinco años, ha sido una pieza clave, para intentar acabar con la democracia en España.

Todo empezó con Fidel Castro.

A quienes apuntan, que el partido Podemos en España, llegó al poder, gracias en gran medida, al asesoramiento y financiación del régimen de Hugo Chávez desde Venezuela. Pero parece irónico, que Chávez, llegó al poder en Venezuela, gracias al asesoramiento y financiación del régimen de los Castro en La Habana. Si aplicamos esa idea, es lógico entender, que hay una estrecha relación más que ideológica, entre Podemos y el régimen de La Habana.

Me gustaría empezar con dar a entender, cuál ha sido en alguna medida, la influencia de los hermanos Castro en el auge de los llamados movimientos subversivos, grupos guerrilleros, o partidos políticos en América Latina y el resto del mundo. Pero antes, les voy a contar un poco, el cómo llegó Fidel Castro al poder.

El 10 de marzo de 1952, Fulgencio Batista da un golpe de Estado en Cuba. Un año después, grupos de estudiantes, organizan manifestaciones contra Batista, y Fidel Castro, con unas 160 personas, el 26 de julio de 1953 comanda el asalto al cuartel Moncada en Santiago de Cuba y al cuartel de la ciudad de Bayamo.

Tras fracasar el asalto a dichos cuarteles, Castro es hecho prisionero y sometido posteriormente a juicio y condenado a 15 años de prisión. Tras veintidós meses encarcelado fue liberado durante la amnistía general de mayo de 1955. Meses después se exilió a Estados Unidos y finalmente a México. En esas fechas, funda el Movimiento 26 de Julio.

Resulta irónico, que el primer país que escoge Castro para exiliarse tras salir de Cuba, es Estados Unidos (EE.UU). Cuentan, que él quedó maravillado por los llamados rascacielos, los servicios de transporte, su cultura. También se dice, que se dedicó a visitar los llamados clubes patrióticos cubanos, con la idea de buscar seguidores a su causa.

En julio de 1955, Castro viaja a México, y conoce al famoso "Che" Guevara. Durante la estancia en ese país, organiza el cómo desembarcar en Cuba, para lo cual, crea pequeños grupos o comandos.

Fidel Castro detenido tras el fracaso del asalto al cuartel Moncada.

Cuentan, que el comerciante de armas mexicano, Antonio del Conde, fue quien le vendió a Castro el famoso buques Granma, con el cual, Castro embarca con 82 combatientes la madrugada del 25 de noviembre de 1956, llegando a Las Coloradas, en Cuba, el 2 de diciembre. Tras su primer enfrentamiento con las tropas de Batista el 5 de diciembre, Castro y sus hombres fueron diezmados, varios de sus seguidores son detenidos o caen en combate. Así, fue el retorno de Castro a Cuba.

Ahora bien, lo que no cuenta la historia oficial, es quién financió a Fidel y sus compañeros de armas en México. Quién les dio el asesoramiento y entrenamiento de armas? Quién financió la compra del Gramma y el viaje desde México a Cuba?

El 2 de diciembre de 1956 Castro desembarca en Cuba, y tras 25 meses de guerra, en enero de 1959, entra triunfante en La Habana. Y me sigo preguntando: durante todo ese tiempo de combates, quién financió con armas, suministros, uniformes, asesoramiento, entrenamiento, al ejercito "revolucionario".

Otro detalle de la historia, es que hasta la llegada al poder de Fidel, éste, supuestamente, nunca se había manifestado abiertamente que su "revolución" era socialista o comunista. Todo ello cambió el 16 de abril de 1961, al proclamar a los cuatro vientos, el carácter socialista de la Revolución Cubana. Y porqué no lo hizo antes de salir de México?. Es decir, a partir de abril de 1961, oficialmente, Cuba se convirtió en un Estado socialista de carácter Marxista-Leninista, bajo el liderazgo del Partido Comunista de Cuba, único legal en la isla a partir de ese momento. La primera meta de Castro en Cuba, fue el de montar un sistema de Gobierno, que le permitiera estar en el poder eternamente. Para ello, se empezó con las nacionalizaciones y expropiaciones de medios productivos con el objetivo de llevar a cabo una política económica socialista. Y a nivel político, se persiguió, encarceló, y asesinó a todo aquel que no acatase el nuevo sistema de Gobierno.

Tras alinearse con la URSS, Castro buscó formas de patrocinar la revolución comunista en otros países, eso si, buscando primero crear cruentas guerras civiles. Para ello, desarrolló una tapadera, con la participación de cientos de miles de combatientes cubanos en "misiones internacionalistas" en Argelia, Siria, Angola, Etiopía y otros países. Se estima, que en 1985, Cuba tenía una presencia militar en África, con más de 36 000 efectivos, especialmente en Angola (23 000) y Etiopía (12 000). A ello, se sumó el aporte de decenas de miles de médicos, maestros y técnicos cubanos que han prestado servicios de espionaje y de infiltración en instituciones en más de 40 países del Tercer Mundo, así como la realización de estudios (adoctrinamiento socialista) en Cuba por parte de decenas de miles de supuestos estudiantes (futuros líderes revolucionarios) de esos países. Un ejemplo de esos futuros líderes adoctrinados en Cuba lo podemos ver en Evo Morales de Bolivia, o Nicolás Maduro de Venezuela. A todo esto, se sumó la creación, financiación, asesoramiento, de grupos guerrilleros en muchos países, como el caso del Movimiento 19 de abril (M19) o las Fuerzas Armadas Revolucionarias (FARC) en Colombia; Los Sandinistas en Nicaragua; el Frente Farabundo Martí en El Salvador; las Fuerzas Armadas de Liberación Nacional (FALN) en Venezuela; o los Tupamaros en Uruguay. Prácticamente, en todos los países de América Latina, habían grupos guerrilleros apoyados desde La Habana, y claro está, con el permiso de la extinta URSS, quien al final, era la quien enviaba el dinero y armamento, y quienes conocían perfectamente lo que hacían esos grupos guerrilleros en América Latina. No hay que olvidar, que desde La

Habana, en 1959, organizaron expediciones fallidas a Panamá y República Dominicana, con el fin de iniciar un movimiento revolucionario en esos países; o que entre los años 1963 a 1967 organizaron diversas expediciones fallidas a Venezuela con militares cubanos a la cabeza.

Tanque soviético PT-76 tripulado por cubanos
en las calles de Luanda (Angola), 1976

Tras la caída de la URSS a finales de la década de los 80, Cuba se vio obligada a cambiar de estrategia, y tras fracasar en crear una guerra civil en Venezuela entre los años 1960/1970, a comienzos de los años 90, fijó de nuevo sus ojos en ese país lleno de petroleo. Por cierto, el régimen cubano durante años pudo subsistir gracias a la ayuda económica y los millones y millones de barriles de petroleo que suministró la extinta URSS. Y la escusa eterna del régimen de La Habana desde hace años para justificar esa ayuda soviética, es "que hay un embargo de Estados Unidos", o que hay una "conspiración yanki".

Lo cierto, es que dicho "embargo internacional", tal como es, nunca ha existido. Tras ya llegada de Fidel Castro al poder en 1959, y proclamarse comunista, Cuba estrechó sus relaciones comerciales, económicas, y militares, con la URSS. Es decir, desde 1959, hasta la desaparición de la URSS en 1991, Cuba, vivió tranquilamente gracias al programa de intercambio de azúcar cubana por petroleo soviético, hasta que un día, apareció un señor llamado Mijail Gorbachov, y vio, que el negocio no era rentable. Aun recuerdo cuando Fidel Castro acusó a Gorbachov de traidor a la revolución. En resumidas, desde 1959 a 1991, Cuba no vivió ningún bloqueo internacional. Sólo un país, puso restricciones, los EE.UU. Pero el resto del mundo, como por ejemplo, España, pudo montar diversas infraestructuras hoteleras turísticas importantes en la isla, contribuyendo con ello durante años, a que millones, y millones de turistas llegasen a la isla, llenos de dólares, los cuales, con los controles del régimen, ayudaron a llenar las arcas del régimen con miles de millones de dólares, mientras el cubano de a pie, vivía en la miseria, con cartillas de racionamiento, mientras en los hoteles de cinco estrellas, los turistas, comían buffets libres, sin falta de nada. Y lo más increíble, es que todo, todo, estaba dolarizado por el régimen, mientras que si pillaban a un cubano en la calle con un dólar en sus bolsillos, se le acusaba de traidor, y iba a prisión.

Tras la desaparición de la URSS, el régimen de La Habana, realizó algunos cambios. Por ejemplo, empezó a permitir que los exiliados, pudieran retornar a visitar a sus familias, pero eso si, tenían que pagar en dólares todos los tramites, permisos, etc.. También el régimen permitió el envío de remesas de dólares de los exiliados a sus familias, pero eso si, bajo el control estricto del régimen, quien ejercía, y hoy sigue ejerciendo, de "casa de cambio de moneda", quedándose con esos dólares, y entregando a los cubanos, la versión de la moneda cubana (Peso) al cambio oficial del régimen, mientras que por otro lado, en las calles, florecía un mercado negro, impulsado por el mismo régimen, para controlar los dólares que circulan en la isla. Un ejemplo de se mercado negro, es que el mismo régimen, patrocinaba de forma indirecta, el negocio de las prostitución (turismo sexual con las llamadas jineteras), eso si, sólo podían ejercer la prostitución mientras pagasen en dólares un impuesto revolucionario, por ejercer cerca de los hoteles de lujo.

Y qué ha hecho más el régimen para poder supuestamente sobrevivir, tras la caída de la URSS. Pues, muy sencillo. Ayudó a consolidar regímenes, como los de Daniel Ortega en Nicaragua, o Hugo Chávez en Venezuela. En el caso de la Venezuela de Hugo Chávez, ésta le regaló miles de millones de dólares a Cuba desde 1999. Y qué ofrecía Cuba a cambio de esa ayuda multimillonaria?. Pues, enviaron algunos médicos cubanos, muchos de los cuales, posteriormente tras llegar a Venezuela, escaparon a un tercer país, en busca de asilo político.

Llego el virus del Covid-19 en 2020, y con ello, las consecuencias de la paralización del turismo a nivel global, y con ello, el régimen de La Habana, perdió en gran medida, el seguir confiscando dólares por la caída del turismo. A pesar de seguir recibiendo ayuda económica de Venezuela, Rusia, o China, el régimen, se ahoga en deudas impagables, porque Cuba, también tiene deudas multimillonarias con terceros países (España, Rusia, China, etc.), las cuales, el régimen, nunca ha asumido, y no quiere pagar. Por ejemplo, Cuba debe a España más de 2.200 millones de dólares, o a Rusia 3.000 millones de dólares, y eso, que Rusia, en 2014, perdonó (condonó) en un 90% la deuda que tenían desde la época de la URSS: más de 30.000 millones de dólares!; y en el caso de China, la deuda de Cuba supera los 20.000 millones de dólares, y eso que en 2011, China perdonó 6.000 millones de dólares. Y con todo ésto, hay quienes afirman que hay un "embargo económico" en Cuba?. Y me pregunto... esos miles y miles de millones de dólares (venezolanos, rusos, españoles, chinos...) que han entrado en Cuba, en que se han gastado? Se lo han quedado los "yankis"?. Se lo ha quedado el ciudadano de a pie en Cuba que vive miserablemente con una cartilla de racionamiento desde 1959?.

Fidel Castro fija sus ojos en Venezuela.

Tras la desaparición de la URSS, y en vista de que Cuba, ya no tenía ese aliado que le regalaba petroleo, Castro, retoma la idea de ver como llegar al poder en Venezuela. Durante los años 80, Cuba había tenido una campaña de infiltración en ese país poco activa, eso si, mantenía sus contactos con grupos pro castrista en ese país, como es el caso de Bandera Roja, La Liga Socialista, o el Partido Comunista de Venezuela, que permitieron en alguna medida, participar en diversas series de acontecimientos, que en gran medida, influirían en el posterior auge de Hugo Chávez. Desde La Habana, se buscó la forma de crear un nuevo grupo "revolucionario", con la intención de dar un golpe de Estado desde los cuarteles a comienzos de los años 90, retomando esa vieja estrategia que había fracasado en los años 60 en Venezuela.

Venezuela, a lo largo de su historia, ha vivido épocas de desestabilización. Desde su independencia de España en 1823, hasta la llegada de la dictadura del General Juan Vicente Gómez en 1908, ese país vivió en constante conflictos bélicos internos. Algunos historiadores, estiman, que entre 1830 y 1903 hubo un total de 166 revueltas armadas y casi cincuenta años de guerra. Se estima en un millón de muertos en total, un 70% de ellos no-combatientes caídos por las pestes, hambrunas, anarquía y represión política que trajeron las guerras.

Con Gómez, el país empezó otro período, gracias a la aparición del petroleo, como principal recurso de la mejora de la economía venezolana a partir de 1914. Tras la muerte de Gómez en 1935, Venezuela vive otro periodo de cierta inestabilidad política, en alguna medida, gracias a la aparición de grupos con ideología de izquierda revolucionaria, hasta la llegada al poder del General Marcos Pérez Jiménez, quien gobernó el país entre los años 1952 a 1958. Durante su mandato, el país experimentó una modernización nunca antes alcanzada. Se construyeron bajo su mandato modernos hospitales, autopistas, universidades, escuelas, viviendas. Venezuela consiguió un crecimiento económico, que convirtió a ese país en esos años, en el más moderno y con la economía más estable de toda América Latina.

Tras el derrocamiento de Pérez Jiménez, tras un golpe de Estado, se instauró la democracia, y con ella, en los años 60, y gracias a Cuba, llegó también los grupos guerrilleros, y con ello, las revueltas, los secuestros, atentados, y asesinatos.

Imagen famosa ganadora de un premio Pulitzer referente a los sucesos del "Porteñazo", en donde un soldado herido busca protección en un sacerdote.

En 1962, el Partido Comunista de Venezuela, bajo la asesoría del régimen cubano, crea las Fuerzas Armadas de Liberación Nacional (FALN), como brazo armado del Frente de Liberación Nacional. Según el exoficial de la inteligencia cubana Ulises Estrada, la creación de las FALN se enmarcó en una política de apoyo de Fidel Castro a los movimientos armados de Latinoamérica tras el triunfo de la Revolución cubana en 1959. Entre 1961 a 1967, la FALN crea en diversas regiones del país, unos 10 frentes guerrilleros, bajo la batuta del Partido Comunista de Venezuela, Partido Bandera Roja y el Movimiento de Izquierda Revolucionaria (MIR). En esos años, se producen diversos alzamientos tipo revolucionarios, como el llamado "Barcelonazo", ocurrido el 26 de junio de 1961, en donde un cuartel militar se alza contra el presidente de Venezuela Rómulo Betancourt, con el saldo de 17 muertos, y la derrota de los alzados. Posteriormente, el 4 de mayo de 1962 en la ciudad de Carúpano, en la región de Sucre, fuerzas militares se alzaron contra el gobierno nacional, ocupando las calles y edificios de la ciudad, el aeropuerto y la emisora Radio. Otro intento de alzamiento revolucionario, se produjo el 2 de junio, en la ciudad de Puerto Cabello, conociéndose ese hecho como "el Porteñazo". Tras tres días de combates se cuantificaron unos 400 muertos y 700 heridos.

Con estas tres intentonas golpistas en Venezuela, en donde la guerrilla castrista se había infiltrado en los cuarteles militares, como mecanismo para conseguir sus objetivos, el gobierno del presidente Rómulo Betancourt, se vio obligado a tomar medidas, para evitar otros intentos de alzamiento.

Portada del diario venezolano El Nacional, donde informan de la invasión cubana en Machurucuto.

Tras la llegada al poder en Venezuela de Raúl Leoni como presidente en 1964, la guerrilla financiada por Castro siguió con su campaña con secuestros, atentados, y enfrentamientos contra fuerzas leales al gobierno. Un ejemplo de la participación cubana en Venezuela, fue lo ocurrido el 8 de mayo de 1967, cuando un grupo conformado por cuatro cubanos y siete venezolanos, desembarcaron en la playa venezolana de Machurucuto, siendo derrotados casi de inmediato por las Fuerzas Armadas de Venezuela. Un detalle a destacar, es que esos grupos guerrilleros, eran entrenados, asesorados, armados, y financiados en parte desde La Habana. En más de una ocasión, se comprobó que Cuba había enviado asesores, y armas, a Venezuela.

El 1969, llega a la presidencia del país Rafael Caldera. Durante su mandato, creó un comité de pacificación, y gracias a ello, consiguió que las FALN fueran oficialmente disueltas en febrero de 1969, con lo cual, los grupos subversivos asumieron una actitud de repliegue, y algunos jefes guerrilleros entregaron las armas y se incorporan al debate democrático siendo alguno de ellos electos diputados. Pero no todos decidieron dejar las armas. En el caso de Bandera Roja, y la Liga Socialista, algunos de sus dirigentes siguieron con su campaña de secuestros y atentados, hasta mediados de los años 80. Lo curioso, es que estos dos grupos, participaron de forma legal como partidos políticos desde los años 70 en diversos procesos electorales en Venezuela.

Lo cierto, es que la Venezuela de los años 60 a los 80, existía una estabilidad económica, gracias al negocio del petroleo. Los venezolanos, tenían un empleo estable, vivienda, buenos servicioz públicos. Al ciudadano de a pie, eso de vivir bajo una dictadura comunista al estilo cubano, no era de su agrado. Así, que muchos comandantes guerrilleros, durante el llamado proceso de pacificación, optaron por dejar las armas, y postularse como candidatos al Congreso, y asumir, que la idea de una revolución armada, en un país con una estabilidad económica fuerte, no tenía sentido.

Pero esa estabilidad económica en Venezuela, se empezó a tambalear a partir de finales de los años 80, con la devaluación de la moneda, la inflación, la corrupción. De nuevo, algunos dirigentes de la izquierda radical revolucionaria, empiezan a ver una nueva oportunidad, de intentar montar una revolución armada. Y claro, en La Habana, toman nota de todo ello, y comienzan a orquestar otra forma de llegar al poder en Venezuela. Así, que vuelven a infiltrase en los cuarteles militares venezolanos, consiguiendo su objetivo con dos intentonas militares en 1991.

En 1989, tras ganar las elecciones presidenciales, Carlos Andrés Pérez, asume por segunda vez, la presidencia del país. Para enfrentar la dura crisis económica que se vivía en ese momento, y opto por aplicar un paquete de medidas económicas, conocido popularmente, como "el paquetazo", que dio como resultado, un estallido social de odio y violencia, que nunca se había vivido en el país. Éste suceso es conocido popularmente como "el Caracazo". El 27 de febrero de 1989, estallan en muchas ciudades de Venezuela, protestas por la crisis económica, que llevan al ola de vandalismo, violencia y saqueo a nivel nacional. Las fuerzas de seguridad del Estado, salen a la calle para frenar esa violencia. Según la cifra oficial emitida por el Gobierno de Pérez, los sucesos de febrero y marzo de 1989 dejaron un saldo de 276 muertos, numerosos lesionados, varios desaparecidos y cuantiosas pérdidas materiales.

Carlos Andrés Pérez, presidente de Venezuela (1989-1993).

Durante muchos meses se discutió cómo pudo acontecer algo tan violento en Venezuela. Parecía que había sido un movimiento organizado y planificado. Según el general venezolano Carlos Peñaloza, en su libro "El Delfín de Fidel", agentes cubanos pudieron haber entrado a Venezuela para orquestar revueltas. Y no sólo revueltas. En 1991, en un sólo año se dieron dos golpes militares, en donde activistas de grupos de izquierda revolucionaria, participaron activamente llamando a la sublevación dentro y fuera de los cuarteles militares. Ello implica cierta organización y planificación. La cuestión, es quién dio inicialmente la orden de infiltrarse en los cuarteles?. Y la repuesta apunta a La Habana.

Las dos intentonas golpistas en Venezuela de 1991.

El primer intento de alzamiento militar, se dio el 4 de febrero de 1991 (4F), cuando el presidente Pérez regresaba en avión del Foro Económico Mundial de Davos, en Suiza. Gracias a la oportuna actuación del personal que le acompañaba, en especial, de los miembros de la Escolta civil Presidencial, Pérez pudo refugiarse exitosamente en el Palacio presidencial de Miraflores en Caracas. Gracias a algunos de sus escoltas, posteriormente Pérez consigue llegar a la estación de televisión Venevisión, desde donde se dirigió al país en dos ocasiones para informar sobre la situación.

El asalto al palacio presidencial por parte de los golpistas, se inició a las 12 de la medianoche del 4F. Al mismo tiempo militares alzados al mando de Miguel Rodríguez Torres, asaltaron la residencia presidencial (La Casona) en Caracas. Mientras tanto, en otras importantes ciudades del país, los enfrentamientos entre fuerzas leales y golpistas fueron intensos, en algunos casos. Fracasado el intento de toma de la ciudad de Caracas, los insurgentes se rindieron en la capital, y el cabecilla, Hugo Chávez, fue arrestado en Caracas. A pesar de estar detenido el líder del alzamiento, en algunos cuarteles, sus seguidores en el complot golpista, aun seguían combatiendo. Así que el gobierno, buscó una forma de convencer a los que seguían alzados, para que depusieran sus armas. La decisión fue la de optar, a que el líder de la intentona golpista, apareciera ante las cámaras de televisión, para que él mismo, llamase a sus compañeros a deponer las armas. Durante su corto discurso ante las cámaras, Chávez pronunció una frase que quedaría grabada en la mente de todos los que escuchamos sus palabras, el famoso "por ahora". Ese mismo día, muchas personas entendimos, que en esa frase "por ahora", Chávez anunciaba que lo volvería a intentar. La cuestión, es que casi nadie sabía cómo y cuándo. En mi tierra Venezuela, hay un refrán popular que dice: "Cuando el río suena... piedras trae". Es una forma de decir, que hay algo en el ambiente a punto de reventar, como por ejemplo, otro golpe de Estado.

Tras la rendición de los alzados, unos 200 oficiales, incluidos Chávez, fueron juzgados por rebelión militar en 1992, y condenados a prisión. En 1994, todos los golpistas, serían liberados tras un llamado "indulto". De las 32 personas que murieron durante la intentona golpista, hoy, muchas de sus familias, aun esperan justicia.

Chávez hace un llamado a sus compañeros alzados a deponer las armas.

El 27 de noviembre de 1992 (27N), un grupo de militares, con ayuda de activistas de ultra izquierda pertenecientes a los grupos guerrilleros Bandera Roja, y Tercer Camino, llevan a cabo un intento de golpe de Estado. Su principal objetivo, era capturar al presidente Pérez, y establecer una junta cívico-militar. Entre los militares, destaca como supuesta cabeza el Inspector General de la Armada Hernán Grüber Odremán, apoyado por el Vicealmirante Luis Enrique Cabrera Aguirre, el Teniente Coronel de la aviación Luis Reyes Reyes, y el General de Brigada (Aviación) Francisco Visconti Osorio.

A diferencia del anterior intentona golpista del 4F, en ésta ocasión, los alzados si se preocuparon por tomar las televisoras y algunas emisoras de radio. En el caso de la televisora nacional Venezolana de Televisión (VTV), la idea de los golpistas, era ocupar sus instalaciones como fuera, y transmitir un vídeo con un mensaje de los cabecillas golpistas. La cuestión, es que en su lugar, fue emitido otro vídeo grabado previamente con un mensaje de Hugo Chávez, quien, supuestamente, no había participado en la planificación del golpe, para sorpresa de los cabecillas. Me imagino la cara que pusieron, cuando los conspiradores vieron en la televisión a Chávez, en vez del mensaje grabado por los   supuestos cabecillas golpistas. Lo cierto, es que al día de hoy, el del tema del vídeo, en alguna medida, no está muy claro, ya que no se sabe si dentro del mismo grupo de golpistas, un grupo conspiró para favorecer la imagen de Chávez, como supuesto líder de la segunda intentona. Si tomamos en cuenta, que la idea original de los golpistas, era emitir un vídeo con un mensaje institucional de los cabecillas, bueno, dentro del grupo, alguien planificó de antemano poner en su lugar, otro vídeo con un mensaje de Chávez, con la idea, de dar a entender, que un hombre que estaba en prisión, participó en la planificación de un segundo golpe de Estado. Es más, grabar un vídeo en secreto, dentro de una prisión militar de máxima seguridad, en la misma celda donde estaba Chávez, no es una cosa fácil. Alguien dentro de las altas esferas del ejercito y del gobierno, tuvo que dar las facilidades para ello.

Imagen del vídeo con el mensaje grabado por Chávez.

Volviendo a los acontecimientos del 27N, mientras los golpistas intentaban conseguir sus objetivos, el presidente Pérez pudo llegar a un canal llamado Televen, que no fue ocupado por los alzados, y allí, el presidente emitió un mensaje, anunciando que ya todo estaba controlado. Ese mismo día, los alzados que habían tomado VTV, se rindieron, luego de un duro enfrentamiento armado.

En la mañana de ese día 27, aviones OV-10 Bronco, piloteados por oficiales golpistas, despegaron de la Base Aérea Libertador en Maracay, cerca de Caracas, y atacaron diversos objetivos en todo el país, donde destaca el bombardeo al Palacio de Miraflores, y la Base Aérea

Generalísimo Francisco de Miranda, en Caracas.

Sobre las cuatro de la tarde, algunos de los cabecillas, escaparon del país en avión a Perú, donde fueron recibidos en calidad de perseguidos políticos por el presidente de entonces Alberto Fujimori. La aventura golpista culminó con un saldo de 171 muertos (142 civiles y 29 militares). Quinientos oficiales y suboficiales fueron arrestados tras los acontecimientos, junto con 800 soldados sin rango y 40 civiles. De ellos, unas 196 personas, entre civiles y militares, fueron llevadas a un tribunal militar. De estos, 97 fueron condenados, y el resto fueron absueltos. No obstante, unas semanas después, la Corte Suprema de Justicia de Venezuela (CSJ) anuló los juicios. Al final, todos los implicados fueron liberados por los gobiernos posteriores de Ramón J. Velásquez y Rafael Caldera.

Tres días después de los sucesos del 27N, pude ver en persona uno de los muros del palacio presidencial de Miraflores, que había sufrido un impacto de una bomba que estalló tumbando parte de la pared. Cerca de allí, sobre el puente de Carmelitas, vi en el suelo, la marca de un impacto de bomba lanzada por uno de los aviones tripulado por los golpistas, que no había llegado a estallar. Recuerdo, que una de las tantas cosas que se comentaron en esos días, fue, que muchas de las bombas lanzadas por los aviones OV-10 Bronco, no estallaron, y que si hubieses cumplido su función, seguro que se hubiese hablado de una mayor tragedia con centenares de muertos.

En relación al caso del famoso vídeo que no se llegó a transmitir con el mensaje de los líderes golpistas, mucha especulación se planteó de quienes habían participado en la planificación del supuesto vídeo. Lo que si se sabe es que habían dos vídeos, y que alguien conspiró dentro de los golpistas para que se emitiera uno con un mensaje de Chávez.

Más de 20 años después de los sucesos, creo, aun se desconoce con exactitud quienes fueron los auténticos autores intelectuales de la segunda intentona golpista, y en caso de haber triunfado, quienes serían los miembros de esa supuesta junta cívico militar que tanto anunciaban en los dos vídeos. Una cosa si tengo clara: el jefe de dicha junta cívico militar sería Hugo Chávez. De hecho, muchos de los militares golpistas, posteriormente, habían manifestado, que uno de los objetivos, era liberar a Chávez de la cárcel. Lo que no dicen, era con que fin, o a quien se le ocurrió lo de grabar el vídeo con el mensaje de Chávez.

Otra cuestión a tomar en cuenta, es que el vídeo que se llegó a transmitir con el mensaje de Chávez, fue hecho pocas horas antes del golpe militar, aun estando preso. Es decir, fue grabado en su celda, con su uniforme de camuflaje y boina roja, anunciando en nombre del Movimiento Bolivariano Revolucionario 200 (MRB 200), que se estaba produciendo una nueva revolución bolivariana, y "que en ese mismo momento", habían salido a las calles a combatir, dando a entender, que el gobierno de Pérez ya había caído, y que los líderes golpistas ya habían asumido el poder, anunciando que se había formado un nuevo gobierno conformado por lo que él llamaba una "junta patriótica bolivariana", que "en pocos minutos, darían un mensaje a la nación". En fin, los autores del vídeo, tenían la intención premeditada, de intentar colar un vídeo grabado, como una transmisión en vivo y directo, para dar a entender a los tele espectadores, que había un nuevo gobierno.

Por otro lado, los golpistas que habían tomado el canal Venezolana de Televisión (VTV), emitieron en vivo y directo, unos cortos mensajes en nombre del Movimiento 5 de Julio, en donde se llamaba a la población a salir a la calle a sumarse al golpe, y a que los militares leales al gobierno de Pérez, se rindieran, o si no, serían victimas de bombardeo. La cuestión, es que quienes asumieron la tarea de emitir los mensajes, en mi opinión, no dieron la más mínima confianza. El primero que habló dando su mensaje revolucionario, sobre la mesa, había colocado un arma, y sobre ella, su mano derecha temblorosa, que parecía que tenía un ataque de epilepsia o de ansiedad.

En cuanto a la toma por parte de los golpistas del canal de televisión VTV, está fue sangrienta, ya que se produjo la muerte de 19 personas. Tras los sucesos, se dio a conocer el caso de dos vigilantes desarmados, a quien los militares golpistas, los ajusticiaron con un tiro. Los golpistas entraron al canal destrozando todo a punta de ráfagas de disparos, sin importarles si mataban a inocentes en su camino. Intentaron cerrar la calle para evitar la posible llegada de fuerzas leales al gobierno, para lo cual, en plena vía pública, dispararon a los vehículos que circulaban por allí matando a sus ocupantes, con la única idea, de usar esos vehículos como obstáculos en la calle. Dentro del canal VTV, amenazaron de muerte, a los pocos empleados que habían allí, si no ayudaban en su misión de transmitir sus mensajes llamando a la población a sumarse a la "revolución". Y todo bajo las ordenes del teniente Jesse Chacón. Tras la llegada de fuerzas leales al gobierno, y un fuerte enfrentamiento, al final, Chacón se rindió junto con los golpistas.

Chacón fue condenado a 22 años de prisión, y posteriormente con el "indulto" del entonces presidente Caldera en 1999, fue liberado. Tras la llegada de Chávez al poder, Chacón ocupó importantes cargos dentro del gobierno chavista, siendo uno de ellos, el de Director General de la Comisión Nacional de Telecomunicaciones (CONATEL) en el año 2001, organismo que gestionaba y regulaba las telecomunicaciones en el país. Siendo director, creo la famosa "ley mordaza", y fijo su estrategia para perseguir a los medios de comunicación. Es decir, tenemos a una persona que comandó la toma armada, violenta, con muertos y heridos, de un canal de televisión en 1992, y 10 años después, Chávez le designa como la máxima autoridad para fiscalizar y sancionar a los medios de comunicación. A, posteriormente, en 2003, fue nombrado Ministro de Comunicaciones, en 2004 fue Ministro de Interior, en 2007 Ministro de Telecomunicaciones e Informática, en 2009 Ministro para Ciencia, Tecnología e Industrias Intermedias, en 2013 Ministro de Energía Eléctrica, y en 2017, Maduro lo designa como embajador de Venezuela en Austria. Y todo ello, lo ha conseguido, gracias a que en 1992, comandó la toma armada y violenta de un canal de televisión, con el resultado de 19 muertos.

En cuanto a quién fue el auténtico cabecilla organizadora de la segunda intentona militar, creo, que fue el mismo Hugo Chávez. Insisto... el hecho de haber grabado un vídeo anunciando un nuevo gobierno revolucionario, le delata. Con ello, se entiende perfectamente, que él formó parte de la organización del segundo golpe desde la cárcel, con lo cual, conocía perfectamente quienes formaban parte del complot, su organización y fines. Se acuerdan de aquella frase "por ahora" que pronunció el 4F?. Creo, que mucho antes del 4F, ya había planificado las dos intentonas militares. Es decir, ya tenían establecido, que si fallaba una, tenían otra segunda opción bajo la manga. Es de resaltar, que entre las dos intentonas militares, hubo un periodo de seis meses, y créanme, planificar un segundo golpe de estado, en donde había un alto nivel de participación y organización, no se hace en seis meses. Es más, hay algunos de los lideres golpistas, que han señalado que su intención inicial era hacerlo un mes antes.

Lo que no entiendo del gobierno de Carlos Andrés, es que tras sobrevivir a dos golpes de estado, y teniendo en sus manos una evidencia de que Chávez, había participado en forma activa desde la cárcel, Pérez no hizo nada, y dejó que el golpista confeso siguiera conspirando desde la cárcel. Es más, después del 27N, a Chávez le dejaron que siguiera haciendo su vida normal dentro de la cárcel, con visitas de amigos y simpatizantes, y claro, sin dejar de que él siguiera planificando el como llegar al poder. En fin, el tiempo que estuvo retenido, posiblemente, le ayudó a comprender, que ya llevaba dos intentonas fallidas de golpe de Estado, y que un tercer intento fallido, podría tener graves consecuencias. Así, que opto por usar la misma estrategia que usó en 1930 Adolfo Hitler para llegar al poder: usar la vía "democrática" de las elecciones.

Y cuál fue el destino de los supuestos principales cabecillas de la intentona golpista del 27N?. Tras todos ser indultados en 1999:

Hernán Grüber Odremán, en 1998 se postuló como candidato a una gobernación del país. Tras perder, Chávez, como premio de consolación, le designa en 1999 como Gobernador del Distrito federal (Caracas), y tras diversas acusaciones de corrupción, dejó la vida política.

A Luis Enrique Cabrera Aguirre, Chávez le reincorpora a la vida militar en 1999, y en 2012, se hace famoso, ya que hay denuncias en donde le vinculan a actividades de narcotráfico.

Luis Reyes Reyes, en 1999, el "comandante supremo" Chávez le designa como Ministro de las áreas de infraestructura, y entre los años 2002 al 2008, es gobernador del estado Lara. Tras dejar la gobernación, Chávez le designa como Ministro del Poder Popular para la Secretaría de la Presidencia.

Y en el caso de Francisco Visconti Osorio, en 1998 se une al partido de Chávez, y es electo como miembro de la Asamblea nacional Constituyente de 1999. En 2018, se lanza como candidato presidencial para competir contra Maduro. Visconti es apoyado por el Frente Amplio Nacional Bolivariano, un grupo de chavistas anti Maduro. Al final, su candidatura no fue aceptada por las autoridades electorales, ya que dichas autoridades, son fines a los intereses de Maduro.

Y en cuanto al resto de participantes en las dos intentonas militares, bueno, podría decir que en su mayoría, supieron sacar tajada tras la llegada del "comandante supremo" al poder. Pero, creo, que con los ejemplos que he dado, como el caso de Jesse Chacón, se pueden hacer una idea, de cual ha sido el criterio del gobierno chavista, para seleccionar a quienes formarían parte de las altas esferas de poder, dando con ello, la vía libre en las tomas de decisiones en el país.

Bueno... creo, que debería comentar un caso especial a parte. El de Diosdado Cabello Rondón, quien en el 2018, se desempeñaba (colocado a dedo por Nicolás Maduro) como Presidente de la Asamblea Nacional Constituyente en Venezuela, y a mediados de 2019, su nombre sonaba como posible sustituto de Nicolás Maduro. Y como él llegó al cargo de Presidente de la Asamblea Nacional Constituyente?. Todo empezó el 4F, cuando siendo teniente, participó junto a Chávez en la primera intentona golpista. Posteriormente, tras apoyar a su "comandante" en las elecciones de 1998, en el año 2001, el "comandante" le nombra Vicepresidente de la República. En 2002 toma temporalmente por unas horas la presidencia del país, mientras Chávez había sufrido, lo que yo llamaría, un autogolpe de Estado organizado por él mismo Chávez. En 2002, Cabello asumió el Ministerio de Justicia. En 2004 gana unas elecciones a gobernador del estado Miranda, gracias al apoyo institucional y financiero del gobierno chavista. El 2008, tras perder unas elecciones regionales, Chávez le da como premio de consolación, la cartera de Ministro de Obras Públicas. En 2010 es electo diputado, y luego en 2012, designado como presidente de la Asamblea Nacional con mayoría chavista. Tras la victoria de la oposición en las siguientes elecciones parlamentarias, Maduro crea su versión de Parlamento paralelo 100% chavista (Asamblea Nacional Constituyente), y es designado a dedo por Maduro como presidente de dicha Asamblea. Y todos estos altos cargos los logro gracias a que en 1992, participó el un golpe de Estado al lado de Chávez. A, como anécdota, la mujer de Cabello, Marleny Contreras, en 2015 fue Ministra de Turismo, y en 2018, Ministra de Obras Públicas. Y cual fue el mérito para conseguir esos cargos? Bueno, el simple hecho, de ser la esposa de alguien que participó en un golpe de Estado de 1992, al lado de su "comandante" Hugo Chávez.

Y así, durante más de 20 años de chavismo, los altos cargos del gobierno, ministerios, directivos de las empresas estratégicas del Estado, jueces, fiscales, y todo aquello que represente poder, ha sido ocupado por gente como Jesse Chacón, o Diosdado Cabello. Gente, que su único merito profesional, es haber participado y apoyado un golpe de Estado al lado de Chávez. A, y sin olvidar, que esa misma "estirpe chavista", a colocado a familiares y amigos en altos cargos a dedo, ocupando puestos sin que esas personas tengan la más mínima cualificación profesional para ello.

Diosdado Cabello, es el segundo hombre fuerte del régimen chavista.

El auge de Hugo Chávez en Venezuela.

Tras la toma de posesión de presidente de Rafael Caldera en febrero de 1994, una de las cosas, que yo considero, fue el mayor error de Caldera como Presidente, fue ceder ante la presión social, para tramitar la liberación de Hugo Chávez.

Hoy en Venezuela, casi nadie recuerda, la gran corriente de opinión que existía en el ambiente sobre la idea de indultar a los golpistas. Claudio Fermín del partido Acción Democrática (AD), Oswaldo Álvarez Paz de del partido COPEI, y Andrés Velásquez del partido Causa Radical, principales rivales de Caldera en la contienda presidencial de 1993, se habían pronunciado públicamente a favor de una amnistía general para todos los golpistas, y se habían comprometido a ponerlos en libertad. Era el reflejo de una opinión predominante en el país, y que se enfocaba, directamente, en los medios de comunicación. Es de resaltar, que durante la campaña electoral de 1993, el único candidato que no se pronunciaba sobre una liberación de los golpistas, fue Caldera. Así, que curiosamente, gano las elecciones, el único candidato que no hacía campaña anunciando un indulto a Chávez. Por cierto, hay, quienes afirman, que ganó, fue precisamente por eso.

El problema, es que tras confirmar el nuevo gobierno, Caldera se rodeó de auténticos ineptos, gente que simpatizaba con la idea de que soltaran a Chávez, ya que consideraban que preso, era más peligroso que estando en la calle. Ahora bien, si Caldera no hubiera movido un sólo dedo por liberar a Chávez, yo estoy seguro, que Chávez jamás habría participado como futuro candidato presidencial, ya que una persona cumpliendo una condena por rebelión militar, con las leyes venezolanas, no se le habría permitido.

Dos semanas después del 4F de 1992, se dictaron los primeros actos de detención en los tribunales militares por el delito de rebelión. Y desde ese mismo día, aunque parezca sorprendente, se comenzaba a proponer en los medios de comunicación "una amplia amnistía a favor de todos los militares implicados en el alzamiento". El 30 de marzo se anunció la presentación de un proyecto de ley de amnistía ante el Congreso Nacional. El 27 de abril de 1992, el Ministro de la Defensa de Venezuela de entonces, general Fernando Ochoa Antich, visitó personalmente a los detenidos en el Cuartel San Carlos, y según el diario venezolano El

Nacional, él "prometió abogar para que sean puestos en libertad, siempre y cuando demuestren un sincero arrepentimiento por sus acciones en contra de la institucionalidad".

Y aun hay más... El 18 de octubre, el gobernador de la región petrolifera venezolana del Zulia, y posterior candidato presidencial por COPEI, Álvarez Paz, afirmaba en el diario venezolano El Nacional, que "las declaraciones de Claudio Fermín en torno a la posibilidad de decretar una amnistía para los militares y encapuchados eran sorpresivas e interesantes, por venir de un alto personero de Acción Democrática"; y añadía: "la amnistía es necesaria, porque la democracia gana". Así que, quienes serían los candidatos presidenciales de AD y COPEI el año siguiente, ya se expresaban muy claramente a favor de la liberación de los golpistas.

A ésta corriente del indulto, se suma, por ejemplo, el ex presidente Luis Herrera Campíns de COPEI, con unas declaraciones a la prensa el 2 de noviembre de 1992, donde decía que "considera posible que los rebeldes de febrero puedan aportar ideas para salir de la crisis, por lo que reta al presidente Pérez a ponerlos en libertad y permitir que busquen sus votos en la calle". También la iglesia, por medio del Arzobispo de Caracas, Cardenal Lebrún Moratinos, había manifestado que "Era preferible tener a los golpistas en la calle buscando votos que conspirando y organizando rebeliones en una cárcel".

Y no hay que olvidar al otro gran candidato presidencial de entonces, el radical Andrés Velásquez, del partido Causa Radical, quien en su primer acto de campaña electoral en 1993, manifestó que: "Si gano las elecciones, mis primeros decretos serán para indultar a todos los oficiales procesados por los intentos de golpe de Estado. Pérez es quien debería estar preso, no ellos". Un detalle a resaltar, es que durante la campaña de 1993, la Causa Radical lanzó como candidato al Congreso a unos de los líderes golpistas del 4-F, el comandante Francisco Arias Cárdenas, aún estando detenido, y que al final no se pudo inscribir, porque no le habían dado la baja militar. Insisto, no se puede negar, que la opinión pública en Venezuela, de manera ampliamente mayoritaria, manifestaba su total acuerdo con la puesta en libertad de los líderes golpistas del 4-F. Y de esa opinión fueron voceros también los medios de comunicación social.

Por otro lado, hay que recordar que antes del llamado "indulto", el mismo

Carlos Andrés, y su sucesor temporal en el cargo, Ramón J. Velásquez, ambos, siendo Presidentes activos en sus cargos, ya habían concedido sobreseimientos a numerosos militares vinculados a las dos intentonas militares de 1992.

Cuando Caldera asumió la presidencia en 1998, y posiblemente, en contra de su voluntad, se vio obligado a "indultar" al resto de militares que aun quedaban pendientes de juicio. Seguro que dentro de la cabeza de Caldera, en el momento de tramitar la libertad de los golpistas, se diría para si mismo, que si es lo que quiere la gente, él se lavaba las manos como hizo Poncio Pilato.

Después de estar dos años en prisión junto a diez oficiales por liderar la rebelión cívico-militar del 4F, el 26 de marzo de 1994, Hugo Chávez fue liberado de la cárcel militar de San Francisco de Yare. Según se ha dado a entender, a Chávez se le concedió un indulto por sobreseimiento de causa. Por otro lado, hay quienes juran que sólo fue un indulto. Otros, dicen que no fue un indulto, ya que para poder ser concedido, Chávez tendría que haber recibido una sentencia firme, cosa que no pasó con él. Y por último, nos encontramos quienes afirman que lo que concedió Caldera, fue solamente un sobreseimiento de causa, ya que para ello, según la legislación del momento, el presidente tenía la potestad para concederla.

Ahora bien, el sobreseimiento de causa es el cierre de una investigación penal en proceso. Pero para que se de ese cierre, tiene que alegarse que es por falta de causas que justifiquen la acción de la justicia. Y que yo sepa, una persona que organizó dos golpes de Estado, con muertos en sus espaldas, no es que sea precisamente una falta de causa que justifique la acción de la justicia. Ahora bien, frente a ello, hay quienes alegan, que se hizo por una cuestión de seguridad nacional.

En fin, sea como sea, Caldera se vio presionado, y obligado a sacar a Chávez de la prisión, y curiosamente, hoy muchos le acusan por ser el causante directo de la llegada de Chávez al poder. Hay un anécdota ocurrida un día con Caldera, quien estaba de visita en una clínica, y una enfermera le recriminaba que por su culpa, Chávez es Presidente, a lo que el veterano político le respondió lo siguiente:
"señorita, le voy a ser claro, breve y conciso... yo no voté por él. Y usted?"
Tras escuchar la repuesta contundente de Caldera, la enfermera

desapareció de la vista.

Por cierto, hoy hay miles de venezolanos como la dichosa enfermera, que siguen apuntando con su dedo acusador a Caldera, y resulta, que en su día, muchas de esas personas acusadoras, habían votado ciegamente por el "comandante". Entonces, y al final, de quién es la culpa de que Chávez fuese presidente?.

Momentos de la liberación de Hugo Chávez en 1994.

La ideología de Hugo Chávez.

Recuerdo algunas de las declaraciones del "loco" antes de ganar las elecciones de 1998, en donde juraba, que él no era comunista, y que era un profundo demócrata. Tan demócrata, que él encabezó años antes, dos golpes militares, con el resultado de numerosos muertos y heridos. Y me pregunto... acaso la gente no podía ver la contradicción de sus declaraciones?.

Primer encuentro Chávez Castro en 1994.

Me llamó mucho la atención, que él apenas salir de la cárcel en 1994, una de sus primera acciones, fue realizar en diciembre de ese año un viaje a Cuba, en donde, Fidel Castro, le recibió con honores de visita de un jefe de Estado. Éste hecho fue difundido por los medios de comunicación, y la gente, lo vio como una curiosa anécdota. Nadie veía el hecho, de que Chávez fue a inclinarse ante su amo. A partir de allí, entendí, que Cuba, formaría parte innegable del futuro de Venezuela. En fin, no hay que ser un adivino, ni un experto en política, para ver, por donde iban los tiros en 1994, y hacia donde se encaminaba Venezuela.

Aun recuerdo a muchos amigos en Venezuela, que votaron ciegamente por Chávez, que me decían en aquel entonces, en 1998, que con Chávez, las cosas iban a mejorar. A muchos de ellos, yo les respondí en ese entonces, que cómo es posible, que entre tantos candidatos con formación profesional, caso de la alcaldesa de Chacao, Irene Saenz, la gente apoye a una persona, que su única aportación a la sociedad, es haber participado en dos intentonas militares con el resultado de destrucción y muerte. Yo les decía, que si estuvieran eligiendo a un jefe de un cuartel militar, yo, ni elegiría a Chávez, a pesar de que fuese militar. Bastó que pasasen 2 años de "revolución bolivariana", para que esos amigos fervientes admiradores de Chávez, me dijeran, "caramba Fernando, tenías razón!".

Cuando apareció Chávez en el mundo de la política, encabezando el llamado Movimiento Bolivariano 200 en 1992, de sus discursos se desprendían que su ideología era profundamente nacionalista, pero con una mezcla de idearios de izquierda, militarismo, y seudo patriotismo. En su primer momento, mucha gente lo veía con cierta simpatía, ya que en su discurso, soltaba frases como que haría justicia, y que metería a los corruptos presos. En aquellos días, él negaba tajantemente que era comunista o socialista, y que defendía el libre mercado. Eso sí, nunca presentó un plan de gobierno en donde dibujase cuales serían sus líneas de acción directa sobre la economía, o alianzas estratégicas.

Todo eso cambió tras asumir el poder en 1999. Empezó poco a poco, a quitarse la careta de demócrata, y copiar el modelo ideológico cubano, dando a entender, que su nuevo proyecto, era el de desarrollar la dichosa "revolución bolivariana". Desde un principio, su objetivo fue siempre buscar las vías para llegar y permanecer en el poder, y expandir su ideología en diversos países. Así, que asumió el papel de seudo dictador, controlando todos los poderes del Estado, y la vida de las personas.

Una de las primeras cosas que hizo, copiando el modelo cubano, es buscar un culpable de los males. Y ese culpable era, todo aquel que no piense o apoye la revolución. Primero fueron los llamados escualidos (un termino ofensivo para definir todo aquel que no piense como él), y a partir de allí, empezó a definir muy claramente sus enemigos, o mejor dicho por él, "los enemigos de la revolución y del país": Medios de comunicación, partidos de la oposición, empresarios, sindicatos, etc. En resumidas, Chávez creó dos bloques en el país: Los que están con él, y el resto.

Lo siguiente, fue ir montando un modelo de Estado super centralizado, creando tipos de estructuras en donde el nuevo Estado, lo controla todo, sobre todo, a los ciudadanos de a pie. Para ello, politizó a su antojo el aparato productivo del país, el poder judicial, la educación, creo sus propias organizaciones paramilitares, etc.

Y así, en 20 años de revolución bolivariana, llegamos a la "prospera" Venezuela deseada por los ideólogos del chavismo. A ver, seguro que ustedes pensarán que cómo es posible, que la base de un proyecto ideológico, sea el destrozar un pueblo y llevarle a la total miseria. Bueno, para explicárselos mejor, les voy a contar una anécdota, que podría definir muy claramente la base de la ideología chavista:

El líder soviético Stalin, un día presidía una reunión con sus camaradas, y uno de ellos, le preguntó, cuál era su secreto para ser un gran líder comunista. Para dar repuesta a dicha pregunta, Stalin solicitó que le trajeran una gallina, la cual, posteriormente, agarró fuerte con una mano, y con la otra empezó a desplumarla. La gallina desesperada por el dolor, intentó fugarse, pero no pudo. Así Stalin logró quitarle todas las plumas, y les dijo a sus camaradas presentes: "Ahora observen lo que va a suceder". Puso a la gallina en el suelo y se alejó de ella un poco, y agarró en su mano un puño de trigo mientras sus camaradas observaban asombrados cómo la gallina, asustada, adolorida y sangrando, corría detrás de Stalin mientras este le iba tirando puños de trigo y daba vueltas en la sala. La gallina lo perseguía por todos lados. Entonces, Stalin mira a sus camaradas, quienes están totalmente sorprendidos, y les dice: "Así de fácil se gobierna a los estúpidos. Vieron cómo me persiguió la gallina a pesar del dolor que le causé. Así son la mayoría de los pueblos, persiguen a sus gobernantes y políticos a pesar del dolor que les causan por el simple hecho de recibir un regalo barato o algo de comida para uno o dos días".

Sin dudas, Chávez, y Maduro, han copiado a la perfección la idea de Stalin de como ser un gran líder comunista en Venezuela: Mientras más hambre y miseria pase la gente, más tiempo estaré en el poder. A, y sin olvidar otro pequeño detalle: Toda la cúpula del poder del Estado venezolano (un grupito de privilegiados chavistas) está podrida gracias a la corrupción, con más dólares y euros en sus cuentas bancarias en Andorra o Suiza.

En fin, así son los llamados populistas. Piden al resto de la sociedad que pasen hambre y miseria por defender una ideología, y luego, esos "líderes revolucionarios" en su vida privada, se gastan el dinero de nuestros impuestos a manos llenas. Aun recuerdo aquello que decía el "comandante" Chávez en pleno apogeo ideológico en 2005: "Ser rico es malo, es inhumano. Así lo digo y condeno a los ricos". Tal ha calado ese profundo pensamiento ideológico, que en 2018, los altos dirigentes chavistas (ministros, alcaldes, asesores, etc.) tienen más dolares en sus bolsillos, que hace 5 o 20 años atrás. Por cierto, la familia del "comandante", en 2018, es una de las más ricas de Venezuela, con diversidad de propiedades y terrenos. Se cree, que el "clan" Chávez, tiene una fortuna superior a los 500 millones de dólares. Sólo un detalle: una de las hijas del "comandante", María Gabriela, es una de las cinco mujeres más ricas de Latino América. Y todo gracias a la revolución!

En fin, a los populistas (entiéndase: chavistas, podemistas, sandinistas, comunistas, socialistas y similares), eso de ser rico, a costa de matar al pueblo de hambre, para ellos, como que eso no es muy malo. Bueno, según sus principios, sólo es malo, para quienes no obedecen ciegamente sus ordenes.

Antes de llegar a hablar del partido Podemos en España, es necesario, conocer un poco sobre sus verdaderos creadores, o mejor dicho, de los impulsores del modelo de revolución bolivariana en el mundo. Es de resaltar, que el régimen chavista en Venezuela, desde el año 1999, gracias a millones de dólares obtenidos gracias al petroleo, financió de forma ilegal, el auge, o apoyo, de partidos políticos, cuyos intereses, estuviesen vinculados de forma directa, con el apoyo incondicional el régimen chavista. En mi opinión, Hugo Chávez, intentó crear una especie de cuarta internacional comunista, en donde Venezuela, junto a Cuba, asumirían la batuta de la expansión de la revolución en América Latina, España, Grecia, o Italia.

El petroleo venezolano como arma de financiación de la revolución chavista en el mundo.

Para muchos, con Chávez, nació el llamado "populismo", en donde un llamado dirigente político, ofrece soluciones mágicas a todos los problemas. Pero esas soluciones mágicas, más que soluciones, son pura fantasía. Un ejemplo, es que Chávez, para todo, enfocaba las soluciones dentro de la mal llamada "revolución bolivariana", y en buscar un causante de los problemas, es decir, el culpable. La cuestión, es que para la nueva revolución, el culpable era todo aquel que no apoyase el "proyecto revolucionario", y sobre todo, a su "comandante". Así, que en Venezuela, a partir de 1999, había un enemigo, al que el "Comandante supremo" llamaba "escualido". Hoy, con Nicolás Maduro, se ha cambiado el nombre del enemigo, y ahora le llaman "derecha internacional", "derecha colombiana", "derecha española", "los Estados Unidos", "los fascistas", o la llamada "guerra económica".

Ésta última "escusa" de la llamada "guerra económica", me da algo de risa, ya que me pregunto, el cómo puede haber una guerra económica, si desde hace años, no hay empresas solidas en Venezuela, y las pocas que quedan, las ha confiscado el gobierno, en nombre de la "revolución". En fin, una escusa más, como la que inventaron sus aliados de Cuba, al decir, que los cubanos siempre pasan hambre, gracias al embargo, o el bloqueo de los EE.UU.. Lo que no cuenta el gobierno Cubano, es que en la isla, antes de la pandemia del virus, entraban cada año, más de dos millones de turistas al año, con sus carteras llenas de dólares, alojándose en hoteles de lujo de cadenas españolas de cinco estrellas, en donde esos turistas, no pasan la más mínima necesidad, y donde los restaurantes, estaban muy llenos de comida. Para dar una idea del contraste de la realidad cubana, según cifras oficiales del régimen castrista, en 2008 llegaron a la isla 2,3 millones de turistas, los cuales generaron al gobierno unos ingresos de 2.700 millones de dólares. ¿Acaso ese dinero se lo llevó el embargo estadounidense?. Nooo... ese dinero se lo llevaron los altos cargos del Partido Comunista Cubano a sus cuentas bancarias en Suiza, o otros paraísos fiscales.

Igual situación ocurre con Venezuela. Bueno.... hay una pequeña diferencia... Venezuela no vive del turismo. Vive de sus reservas de petroleo, gas y oro, las cuales, Chávez, parte, se dedicó a regalar a sus amigos aliados cubanos, bolivianos, nicaragüenses, ecuatorianos, etc. Es decir, a sus amigos estratégicos de la zona, a quienes, con los llamados "petrodolares", les ayudó a ganar elecciones en esos países. Y si no, pregúntenle a la familia Kirchner en Argentina.

Argentina? Y qué tiene que ver Chávez con Argentina?. Sucede que entre los años 2005 a 2008, Chávez decidió hacer un jugoso negocio en nombre de Venezuela, al comprar unos 5.600 millones de dólares de bonos "basura" de la deuda argentina. Y cuánto perdió Venezuela en ese negocio?. Pues, lo más seguro es que más de 5.600 millones de dólares, y todo a cambio, de que el Gobierno argentino, apoyase ante los organismos internacionales como la Organización de Estados Americanos (OEA), o la misma Naciones Unidas (ONU), las políticas de expresionismo chavista en la región. Es decir, Chávez, con sus "petrodólares" quería tener a un país más para que le mimase como líder tercer mundialista.

Por cierto, Chávez firmó diversos acuerdos de envío de petroleo a Argentina, y que de los cuales, hoy, hay muchas dudas sobre las cifras reales de los envíos. Bueno... lo único cierto es que como siempre, Venezuela es quien pierde millones de dólares en el negocio, mientras que un grupito de "líderes revolucionarios" se llenan sus bolsillos con los petrodólares venezolanos en nombre de la solidaridad revolucionaria.

Chávez en compañía de la familia Kirchner.

Miles de millones de dolares, y millones de barriles de petroleo, fueron a las manos de sus aliados revolucionarios de lo que ahora llaman el ALBA (Alianza Bolivariana para los Pueblos de Nuestra América). Un proyecto 100% creado por Chávez, y en donde insisto, se despilfarraron miles de millones de dólares, mientras que dentro de la misma Venezuela, el país se caía a pedazos.

Chávez, a pesar de ser comunista, había visto el fracaso del auge de movimientos armados revolucionarios en la región. Así, que en vez de enviar armas a Nicaragua, Bolivia, Uruguay, Ecuador, como hizo Cuba en los años 60, pensó que como tenía las mayores reservas de petroleo del mundo, podría utilizar los "petrodólares" para crear y financiar partidos políticos en la región, y así, de forma "democrática" montar su "imperio bolivariano". El problema es que una cosa es ayudar a financiar partidos a fines para que estos ganen las elecciones, y otra cosa, es que esos partidos y líderes amigos fieles al chavismo, se puedan mantener en el poder en esos países.

Por ejemplo, en Uruguay, José Mujica, ganó las elecciones en su país en 2010. Mujica tenía una fama por su pasado guerrillero, ya que había formado parte del Movimiento de Liberación Nacional – Tupamaros. Años después, en las elecciones de 2009, es electo presidente. Y unos se preguntan... y de dónde salió el dinero para su campaña?.

El opositor Partido Nacional de Uruguay, en agosto de 2009, dos meses antes de las elecciones, había informado que iban a investigar si una exportación de libros a Venezuela por más de 32 millones de dólares, era una fachada para financiar la campaña de Mujica, ya que que existían diferentes "asuntos sospechosos" en la transacción. Según la investigación, se indicaba, por ejemplo, que el costo de cada libro "habría sido inferior a los 10 dólares y se vendieron en unos 498 dólares, de modo que tenemos una diferencia cercana a los 30 millones de dólares en esta operación, algo que es totalmente inusual en lo que tiene que ver con negocios de cualquier tipo". A todo ello se suma, la casualidad, de que la empresa que realizó el negocio, Apliser S.A., fue fundada un año antes, por un primo de la senadora Lucía Topolansky, esposa de José Mujica.

En fin, desde la llegada al poder de la izquierda uruguaya en el 2005, el intercambio comercial entre Caracas y Montevideo se disparó casi 1.500% hasta unos 741 millones de dólares en el 2009, según cifras oficiales venezolanas. Prácticamente el 100% de las exportaciones de Venezuela corresponden a productos energéticos, entre ellos, más de 40 mil barriles de petroleo al día, mientras que Uruguay envía a cambio lácteos, carne bovina y medicamentos. Así, que no cabe duda, preguntarse, cuántos de esos petrodólares enviados por Chávez, fue destinado a financiar ilegalmente la campaña de Mujica?. Por cierto, al día de hoy, no he visto el primer medicamento en una farmacia venezolana con la etiqueta "Hecho en Uruguay".

José Mujica y Hugo Chávez.

En cuanto a Bolivia, Evo Morales llego a la presidencia en enero de 2006. Su vida anterior estuvo vinculada como miembro activo de un sindicato se sembradores de coca. Así, que se podría entender, que parte de su financiación de su vida política, está muy relacionada a sectores vinculados a la producción de coca en ese país. Y a ello, también, se suma la posible financiación desde Venezuela. Posteriormente, tras ganar las elecciones, en su primera visita a Caracas en 2006, Morales suscribió siete acuerdos bilaterales, incluyendo uno para el suministro de 200 mil barriles diarios de petroleo, los primeros de una serie de convenios por venir.

Chávez, Evo, Lula, y Correa.

En el Salvador, ya en 2008, habían denuncias de que el Frente Farabundo Martí para la Liberación Nacional (FFMLN), antigua guerrilla de El Salvador, y principal partido de oposición, eran financiados por Chávez. Es más, gracias a ello, la guerrilla salvadoreña llegó al poder en el 2009. A ver, que un grupo guerrillero, de la noche a la mañana, sacó millones de dólares de la nada, para financiar una campaña electoral y ganar unas elecciones, sin dudas, tiene algo de sospechoso.

Tras llegar al poder, José Luis Merino, uno de los personajes más poderosos del FFMLN, supervisó y lideró la creación del consorcio Alba Petróleos, financiado por la petrolera venezolana PDVSA. Chávez, con su idea de controlar gobiernos con el chantaje del petroleo, hizo otra versión de Petrocaribe para centro América. En otras palabras, con la creación de ambos consorcios, se busco una forma de tapadera, para financiar a partidos y amigos vinculados al proyecto revolucionario. Cuánto dinero de PDVSA le entro al FFMLN gracias a Alba Petróleos?. Seguro que no fueron dos ni tres dólares.

En Nicaragua, tras la caída del Muro de Berlín y del comunismo en Europa, los sandinistas salieron del poder en 1990. Habían llegado al poder en 1979, tras una cruenta guerra civil, con apoyo y financiamiento de Cuba. Su líder Daniel Ortega, tras el triunfo de Chávez, vio la oportunidad, para retomar el poder. Así, que en el 2006, vuelve al poder, y hoy, Nicaragua, vive una especie de guerra civil interna, donde los sandinistas, oprimen al pueblo. En abril de 2018, estallan protestas en el país, con un saldo de más de 400 muertos hasta el mes de agosto de 2018. En cuanto a la dependencia de Venezuela, bueno, cuenta resaltar, que el primer acto de gobierno de Ortega tras su elección, fue incorporar a Nicaragua a la Alianza Bolivariana para las Américas (ALBA) y a Petrocaribe, firmándose un acuerdo, en donde Petróleos de Venezuela (PDVSA) se comprometía a cubrir todas las necesidades de combustible de Nicaragua a precios subsidiados: 50% de la factura a pagarse en 90 días y el 50% a un plazo de 25 años, con dos de gracia y 2% de interés. Adicionalmente, para la aplicación del convenio, optaron por una curiosa modalidad, en donde PDVSA decidió mediante transacción privada, entregar el 50% de ese suministro petrolero a la Caja Rural Nacional (CARUNA), una cooperativa controlada por el Frente Sandinista.

Chávez con Daniel Ortega.

El convenio representó abundantes recursos adicionales para Nicaragua: más de 3.654 millones de dólares entre 2007 y 2016, según cifras oficiales. Y todo ello gracias a Petrocaribe. Actualmente, la oposición en Nicaragua, acusa a los sandinistas, de recibir millones de dólares gracias a

Petrocaribe, los cuales, habían sido usados para financiar las reelecciones de Ortega, en los años 2012, 2017 y 2021. Cuántos millones de dólares fueron destinados desde Venezuela para las victorias de Ortega?.

En el caso de Ecuador, Rafael Correa llega al poder en 2006, y reelecto en los años 2009, y 2013. Es decir, que a similitud de Daniel Ortega, Evo Morales, o Hugo Chávez, todos ellos, tras asumir el poder, modificaron las constituciones de sus respectivos países, para ser reelectos indefinidamente. Y claro, todos ellos han tenido algo de ayuda, de una cosa llamada petroleo venezolano. Pero de todos estos dirigentes políticos, Correa es el único que tiene una mejor formación profesional. Es un economista, con un doctorado en Bélgica, y claro, ello le ha permitido tener una visión no tan fanática de defender a Chávez. Es más, era el dirigente de la región que se ha preocupado por distanciar su gobierno con el modelo chavista.

La cuestión, es que todos estos dirigentes políticos han copiado algunas cosas de Chávez. El primer lugar, las reformas de la constitución y la ley electoral, con la finalidad de conseguir más poder, y durar más tiempo en el cargo. En segundo lugar, su creciente enfrentamiento con los medios de comunicación, los partidos políticos de oposición, y el sector empresarial privado, siendo los enemigos comunes a destruir. Y en tercer lugar, y lo más importante, es la dependencia del negocio del petroleo venezolano, para conseguir dinero para financiar sus negocios y campañas electorales. En reasumidas, se podría decir, que es un modelo creado, con el fin, de dar una imagen de legitimidad en el mundo, en donde sus dirigentes, usan el dinero del negocio del petroleo venezolano, para llegar, y perpetuarse en el poder.

En Colombia, la guerrilla de las Fuerzas Armadas Revolucionarias, fueron en más de una ocasión, defendidas en público por Chávez, y no hay dudas sobre su financiación con petrodolares venezolanos. De hecho, el gobierno de Colombia desde hace años, ha insistido, que la guerrilla, se esconde en territorio venezolano, amparado por el ejercito venezolano, y que desde Venezuela, entran a Colombia cometiendo atentados, o secuestros, y regresan a Venezuela. Pero hay más... ya en 2018, en las elecciones presidenciales en Colombia, Nicolás Maduro, manifestó abiertamente, su apoyo al candidato izquierdista Gustavo Petro, conocido por su pasado como ex integrante de la guerrilla del M-19. En marzo de 2018, el diputado opositor venezolano Rafael Ramírez Colina, había señalado, que la financiación chavista a candidatos presidenciales no es un secreto, y cita varios ejemplos:

"El maletín de Antonini Wilson que portaba unos 800 mil dólares para la campaña de Cristina Kirchner en Argentina en el 2007; la denuncia en 2009 por el presidente del Senado boliviano, Óscar Ortiz, quien aseguró que el gobierno de Hugo Chávez financiaba la campaña de Evo Morales; la revelación en documentos de Wikileaks de financiación que brindó el gobierno venezolano al gobierno nicaragüense de Daniel Ortega; o la denuncia del Partido Nacional de Honduras (…) sobre la intervención de Nicolás Maduro en la reciente campaña electoral de ese país en apoyo a Salvador Nasralla, candidato de preferencia de Manuel Zelaya, cercano aliado al chavismo y a Nicolás Maduro".

Pero el fenómeno de la financiación a grupos o partidos pro chavista no sólo se ha visto en América. En mayo de 2015, el prestigioso diario venezolano El Universal, señaló en un amplio reportaje que desde el régimen de Venezuela, se apoyó a la extrema izquierda en Grecia, con Alexis Tsipras a la cabeza, por recomendación la cúpula de Podemos en España encabezada por Pablo Iglesias.

Alexis Tsipras y Pablo Iglesias, en un acto de campaña electoral en Grecia.

Según este prestigioso diario venezolano, en septiembre del 2010, siendo embajador de Venezuela en Grecia Rodrigo Chávez Samudio, comenzó la relación política y económica del Gobierno de Hugo Chávez con diversos dirigentes izquierdistas griegos, tales como el presidente y expresidente de la Coalición de Izquierda y progreso (Synaspismos) Alexis Tsipras y Alekos Alavanos, la diputada nacional de la izquierda del PASOK (Partido Socialista) Sofía Sakorafa, el candidato para la presidencia de la región de Atenas para las regionales, Alexis Mitropoulos, y la reconocida poetisa de izquierda Nadia Valavani, entre otros. El diario venezolano destaca que "Estos señores fueron financiados desde Venezuela por recomendación de Juan Carlos Monedero y Pablo Iglesias", siendo "asesores" en ese momento del presidente Hugo Chávez. De hecho, la estrecha relación entre el chavismo y Syriza se intensificó cuando asumió la embajada de Venezuela en Grecia el sociólogo Franklin González. Adicionalmente, en el reportaje se añade que "La referencia que le dieron a los rojos amigos griegos es que, como era hombre del proceso, izquierdista de años, sociólogo y quien se habría desempeñado en las embajadas en Uruguay y Polonia, estaría dispuesto a ayudar a robustecer económicamente las protestas y manifestaciones en el país heleno contra la Unión Europea, el Euro y los planes económicos sugeridos desde el FMI".

El diario venezolano recordó que este apoyo expreso a Syriza es la "reedición de tantas otras intromisiones en asuntos internos de muchos países en estos 14 años. Hasta un busto de Chávez colocaron en una calle de Atenas". "Recordemos ahora que el premier (en aquel momento) es Alexis Tsipras, quien, con razones de financiamiento, ha estado exageradamente agradecido al Gobierno (de Venezuela) y lo usa como ejemplo de revolución socialista comunista. Su razón tenía para asistir al funeral del desaparecido Caudillo (Hugo Chávez) y dejarse fotografiar compungido".

Alexis Tsipras fue líder de la Coalición de la Izquierda Radical desde 2009 y primer ministro de Grecia desde 2015 hasta 2019. Cómo llegó a ser primer ministro?. Bueno, la situación en Grecia en 2014 era un caos económico con un Gobierno socialista, y la Unión Europea, amenazaba con imponer medidas más duras a Grecia, con lo cual, Tsipras, aprovechó la ocasión, para abanderar un discurso radical anti Europa. En la campaña electoral de 2015, a parte de recibir el apoyó del régimen chavista desde

Venezuela, desde España, Pablo Iglesias daba su total apoyó a su colega radical griego. Tal fue ese apoyo, que en el cierre de campaña en Grecia, Iglesias, el 19 de septiembre de 2015 viajó a Atenas para participar en el mitin de cierre de campaña del "amigo Alexis" y mostrarle públicamente su apoyo. Tras ganar Tsipras las elecciones, Grecia vivió una de las peores crisis económicas de su historia, y en 2019, tras perder las elecciones al parlamento, pasa a la oposición. Por cierto... hoy Pablo Iglesias, no quiere ver al "amigo Alexis" ni en pintura. En fin, cosas de la vida!.

Otro país donde los chavistas han metido dinero, ha sido Italia, en concreto, en el llamado Movimiento 5 Estrellas (M5S). A mediados de junio del 2020, el diario español ABC, publicó un documento de la Dirección General de Inteligencia Militar de Venezuela, en donde se detalla la entrega del dinero a Gianroberto Casaleggio, cofundador de la fuerza antisistema. Según el diario ABC, en 2010 el entonces ministro de Exteriores y hoy presidente venezolano, Nicolás Maduro, dio su autorización al envío de una maleta que contenía 3,5 millones de euros al consulado venezolano en Milán destinados a Gianroberto Casaleggio, fundador junto al comediante Beppe Grillo del partido antisistema. Según el documento publicado por ABC, el objetivo de la financiación chavista era apoyar un nuevo "movimiento anticapitalista e izquierdista en la República Italiana".

Beppe Grillo, fundador del Movimiento 5 Estrellas.

El M5S se dio a conocer como un movimiento antisistema ecologista y populista. Participan por primera vez en unas elecciones regionales en 2010, consiguiendo en toda Italia sólo 4 concejales. En las elecciones regionales de 2012, logran las alcaldías de Parma, Mira y Comacchio. En las elecciones generales de 2013 el M5S resultó ser la fuerza más votada (25,5% de los sufragios, con 8.689.168 votos), por encima del Partido Democrático (25,4%) y del Pueblo de la Libertad (21,5%). Sin embargo, sumando los votos de las listas coaligadas con estos partidos, el M5S quedó en tercera posición. Posteriormente, tras las elecciones de 2018 consiguieron casi 11 millones de votos, y con ello pudieron formar parte en dos coaliciones de Gobierno desde el 2018 al 2021. Pero desde el 2018 han perdido más de 8 millones de votos, y para finales de 2021, los pronósticos de su futuro, no son nada alentadores. Tras las guerras internas dentro del M5S, dos coaliciones de Gobierno que fracasaron, y las llamadas incoherencias programáticas, todo ello ha ido pasando factura, y hoy el M5S, en Italia es cosa del pasado.

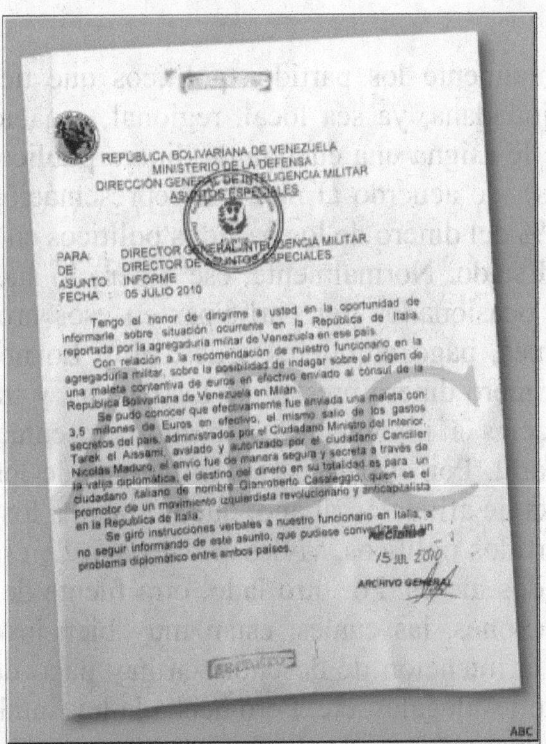

REPÚBLICA BOLIVARIANA DE VENEZUELA
MINISTERIO DE LA DEFENSA
DIRECCIÓN GENERAL DE INTELIGENCIA MILITAR
ASUNTOS ESPECIALES

PARA: DIRECTOR GENERAL INTELIGENCIA MILITAR
DE: DIRECTOR DE ASUNTOS ESPECIALES
ASUNTO: INFORME
FECHA: 06 JULIO 2010

Tengo el honor de dirigirme a usted en la oportunidad de informarle sobre situación ocurrente en la República de Italia, reportada por la agregaduría militar de Venezuela en ese país.

Con relación a la recomendación de nuestro funcionario en la agregaduría militar, sobre la posibilidad de indagar sobre el origen de una maleta contentiva de euros en efectivo enviado al cónsul de la República Bolivariana de Venezuela en Milán.

Se pudo conocer que efectivamente fue enviada una maleta con 3,5 millones de Euros en efectivo, el mismo salió de los gastos secretos del país, administrados por el Ciudadano Ministro del Interior, Tarek el Aissami, avalado y autorizado por el ciudadano Canciller Nicolás Maduro, el envío fue de manera segura y secreta a través de la valija diplomática, el destino del dinero en su totalidad es para un ciudadano italiano de nombre Gianroberto Casaleggio, quien es el promotor de un movimiento izquierdista revolucionario y anticapitalista en la República de Italia.

Se giró instrucciones verbales a nuestro funcionario en Italia, a no seguir informando de este asunto, que pudiese convertirse en un problema diplomático entre ambos países.

RECIBIDO
15 JUL 2010
ARCHIVO GENERAL

El documento de la Dirección General de Inteligencia Militar venezolana
publicado por el diario ABC.

En fin, no es de extrañar, que si el régimen chavista ha intentado influenciar con "petrodólares" en Grecia o Italia, España, no sea también uno de sus objetivos con la creación y financiación del partido Podemos en ese país. De hecho, los líderes de Podemos han viajado a Venezuela con mucha frecuencia para participar en actividades de apoyo al régimen venezolano. Su líder fundador, Pablo Iglesias, ha llegado a afirmar en más de una ocasión, que Venezuela es un auténtico modelo de democracia a seguir. Hoy, gracias a los petrodolares de Chávez, en 2018, llegaron a ser la tercera fuerza política en España. Mucho se habló de un cobro de más de 3 millones de dólares, por parte de una fundación de Podemos al gobierno venezolano. De hecho, hay algo que hay que resaltar en toda esta historia: un partido político, que surge de la nada, no puede ser la tercera fuerza del país con 5 millones de votos, de la noche a la mañana. Alguien ha tenido que financiarlos, y seguro, que no ha sido ninguna institución financiera española. De hecho, Podemos alaga en su discurso, que ellos, nunca han pedido dinero a los bancos en España. Y cómo justifican el dinero que tienen? Pues, han inventado un curioso sistema llamado "microcréditos".

En España, normalmente los partidos políticos que tienen o consiguen representación ciudadana, ya sea local, regional, o nacional, gracias a la Ley Electoral, se le asigna una cuantía de dinero público (subvención por gastos electorales), de acuerdo al nivel de representación conseguido. Se estima, que el 68% del dinero de los partidos políticos en España, proviene de las arcas del Estado. Normalmente, ese dinero lo suelen destinar para pagar los gastos ocasionados por participar en esos procesos electorales (publicidad, mítines, pago alquileres sedes, etc). Lo normal, es que los partidos piden primero dinero prestado a los bancos, y tras las elecciones, lo devuelven gracias a lo obtenido por su representación gracias a la subvención electoral. Por otro lado, los militantes de los partidos, pagan una pequeña cuota de afiliación al año, que no llega a los 30,00 euros, con lo cual, si los partidos políticos, viviesen del pago de esas cuotas, es que no sobrevivirían dos meses. Por otro lado, otra fuente de financiación son las llamada donaciones, las cuales, están muy bien investigadas por las autoridades, con la intención de descubrir si hay pago de favores, lavado de dinero, comisiones ilegales, etc. Pero hecha la ley, también está hecha la trampa, y allí, los señores de Podemos, han creado una forma de entramado que en otros países, sería considerado una auténtica forma de lavar dinero: los microcréditos.

Tras el fracaso de las elecciones regionales de 2021 en Madrid, Podemos quedó con una deuda de 1,7 millones de euros en microcréditos. Con lo cual, Pablo Iglesias se marchó del partido "dejando el plumero", o mejor dicho, las deudas millonarias, ya que en alguna medida, ha estafado, literalmente, a miles de tontos, que han prestado dinero al partido para financiar esa campaña electoral en Madrid. La cuestión es que hoy Podemos, según ellos, no deben dinero a los bancos. Eso si, deben millones a otros, y hoy, el señor Iglesias, elude sus responsabilidades, ya que él, fue el creador de esa nueva "estafa piramidal" llamada Podemos. Pero más que una estafa piramidal, hay algo más extraño y siniestro detrás de todo ello. Por cierto, lo de los microcréditos no está muy claro, ya que el partido, nunca ha presentado de forma clara y precisa, la lista completa de quiénes han aportado dinero, con lo cual, se deduce, que posiblemente, hay lavado de dinero procedente de forma no muy legal. Y cómo funciona?... pues, para ello, usan una página web del partido, en donde señalan lo siguiente: "Ayúdanos a financiar las campañas electorales suscribiendo un microcrédito Podemos. Cuando nos ingresen la subvención electoral te devolveremos la cantidad aportada". La cuestión, es que tras el desastre electoral ocurrido en las elecciones regionales de Madrid en 2021, el dinero que recibirían de la llamada "subvención electoral" no daba para pagar o devolver el dinero de esos microcréditos, con lo cual, se entenderá, que quienes han prestado dinero a Podemos, no lo volverán a ver en su vida. Y el porqué Podemos usa ese curioso sistema de microcréditos?. Pues, según ellos, es para no depender de prestamos de los bancos, y alagan en su discurso, que tienen cero euros de deudas con las entidades financieras, y que con ello, tienen la garantía que los llamados "grandes capitales financieros" no influyan en las decisiones de Podemos. Pero eso si, te animan a que de forma casi anónima, puedas aportar entre 50,00 y 10 mil euros en un microcrédito, y para conseguirlo, sólo hay que hacer una transferencia bancaria, con lo cual, nadie sabe si el dinero que llega en esas transferencias bancarias procede del narcotráfico, o de testaferros, o indirectamente del régimen chavista en Venezuela.

Por otro lado, según la legislación española, esa figura de los microcréditos desde un partido político, no está muy bien definida o regulada. Por ejemplo, si alguien decide adquirir un microcrédito por 10 mil euros, y tras las elecciones, el partido dice que no puede devolverlo, el que dio el dinero, puede luego decir, que ese dinero ahora es una donación, y así, el partido no tiene la obligación de devolverlo. El problema, es que cuando se convierte en donación, la ley española pone unas condiciones. Y claro, en el caso de Podemos, no cumplen dichas condiciones.

En España, hay un organismo llamado Tribunal de Cuentas, quien fiscaliza la contabilidad de los partidos políticos, y mira con cierta lupa, si hay irregularidades. Ese Tribunal, en un informe de abril de 2021 sobre las elecciones generales de 2019, indicó que Podemos recibió microcréditos que excedían en 60.000 euros el máximo permitido para esas elecciones generales de 2019, y además señala la existencia de microcréditos concedidos a Podemos por un total de 2.683.419,51 euros, que el partido no ha declarado específicamente al encontrarse incluidos dentro de las aportaciones realizadas por dicho partido. Según el informe del Tribunal de Cuentas, para esas elecciones de 2019, el partido de Pablo Iglesias incurrió en gastos irregulares por importe de 248.868,91 euros, de los que 9.406,54 euros correspondieron a gastos con justificación insuficiente y 239.462,37 a gastos de publicidad en prensa, radio u otros medios digitales realizados antes del inicio de la campaña electoral, lo que está prohibido por el artículo 53 de la Ley Orgánica del Régimen Electoral General (LOREG).

Volviendo al caso de las elecciones regionales de Madrid de 2021, Podemos reconoce que consiguió microcréditos por un importe de 1,7 millones de euros, y que los devolvería gracias a la subvención electoral, la cual, según los cálculos, no llega a los 550 mil euros. Así, que Podemos, sólo con los microcréditos de las elecciones regionales en Madrid, tiene que sacar 1,2 millones de euros de algún otro sitio. Pero como hay un plazo de un año para devolverlo, muchos de quienes dieron el dinero, se han olvidado de dicho microcrédito, o pueden optar por decir que ahora es una donación, y que no hace falta que Podemos devuelva el dinero. En resumidas, Podemos ha usado un mecanismo de financiación para supuestamente primero endeudarse, y luego, decir legalmente que esa deuda, al no poderla pagar, se ha convertido una donación al partido. Por otro lado, como no hay oficialmente una lista de quienes han participado en esos microcréditos, y que cantidades han aportado, tampoco hay un control de cuanto dinero a devuelto Podemos o a quienes no le han devuelto el dinero. En resumidas, han creado un mecanismo de financiación muy sofisticado, que ayuda sin dudas a blanquear dinero.

Ahora bien, usted se preguntará cómo un partido político puede ofrecer un microcrédito? Normalmente, esa figura la tienen los bancos o pequeñas entidades que se dedican al préstamo de dinero. Y claro, esas entidades, por conceder esos prestamos de dinero cobran un interés, y viven de ese negocio. Ahora bien, resulta que Podemos, dice que crea microcréditos, pero en ves de ofrecer dinero en forma de préstamo, y luego cobrar un interés de rentabilidad, sucede que funciona a la inversa, es decir, en ves de primero dar dinero prestado (como funcionan los microcréditos), sucede que primero piden el dinero por adelantado, con lo cual, quien ofrece el microcrédito es quien se apunta en la lista, y luego, Podemos se compromete al devolver el dinero en un año, eso si, sin intereses, con lo cual, quien invirtió en Podemos, no ha tenido ninguna ganancia, con lo cual, a este sistema de financiación, nunca se le podría llamar "microcrédito", y más, cuando, si el partido no lo devuelve, ese dinero se puede convertir en donación.

Campaña de microcréditos de Podemos para las elecciones regionales en Madrid.

Por otro lado, para que una empresa (caso partido Podemos), pueda conceder "microcréditos", tiene que reunir una serie de condiciones, siendo la más elemental, que tiene que tener un permiso o autorización para funcionar como un banco o entidad de prestamos de dinero, ya que los señores de Podemos, reconocen, que se dedican en alguna medida, al manejo de dinero de tercera personas. Es decir, más que un partido político, resulta que son gestores de dinero. Pero como estamos en España, bueno, no pasa nada, ya que lo que ha inventado Podemos, no tiene una definición legal, y claro, pueden saltarse la ley, alegando que todo lo hacen, para no tener deudas con los bancos. La cuestión, es que lo hacen, para que no existan formas claras por parte de las autoridades del Estado de como fiscalizar de donde llega el dinero, y como se maneja ese dinero. En resumidas, queda preguntarse si Podemos es un partido político, o una entidad financiera?. Según ellos, Desde la primera campaña de Podemos en 2015, unas 40.000 personas han participado en ese negocio financiero, y Podemos ha recaudado cerca de 10 millones de euros a través de este llamado sistema de microcréditos, los cuales, supuestamente, han devuelto, eso si, sin mostrar la lista con los nombres, cantidades de dinero devueltas, y no devueltas, ya que seguro, que de esas supuestas 40.000 personas que han participado, habrán algunas que han optado por no reclamar el dinero, y dejarlo como una donación al partido.

Por otro lado, a parte de los llamados microcréditos, Podemos desde su fundación en 2014, creo otro mecanismo de financiación por medio de donaciones llamado "crowdfunding" (microdonaciones). En abril del 2016, la Policía española investigó el caso de varias de esas donaciones realizadas por una veintena de personas de escasos recursos económicos que, al ganar menos de 12.000 euros anuales, han hecho entrega a Podemos de aportaciones superiores a 5.000 euros. Es decir, personas que no llegan a los 12.000 euros al año, y donan 5.000 euros al partido? A qué suena raro?. Bueno, según Podemos, en el año 2014, entre 200 y 300 personas realizaron aportaciones de unos 1.000 euros; otras 80, entre 4.000 y 5.000 euros; y una veintena, superaba aportaciones de 5.000 euros. Según las cuentas publicadas por Podemos, sólo durante 2014 se recaudaron casi 800.000 euros en donaciones de particulares, 300.000 de ellos a través de recibos periódicos y el resto de «donaciones particulares de "crowdfunding"». La cifra crece en 2015 hasta 1,2 millones de euros y constituye el núcleo de la financiación privada de Podemos, ya que el resto de sus ingresos depende del sueldo de sus cargos públicos y de las diversas subvenciones cobradas por el partido tras su acceso a las instituciones después de los comicios celebrados en el ciclo electoral 2014/2015.

Y a todo ello, que dice el Tribunal de Cuentas español sobre el dichoso "crowdfunding"... Pues en agosto de 2021 dicho Tribunal señaló que es un coladero de dinero irregular, y que "dicha fórmula de financiación no estaba contemplada en la legislación", y recomendaba "que se dispusiera de una regulación específica adecuada a esta nueva forma de captación de fondos privados". En este sistema de financiación creado por Podemos, cualquier persona que sea titular de una tarjeta bancaria puede realizar una donación a aquellas de forma online, sin que pueda comprobarse la veracidad del documento nacional de identidad, el nombre y la dirección de correo del donante, con lo cual, se dificultad el control de la financiación de Podemos. En fin... un partido que presume de tener transparencia, a la hora de reflejar sus ingresos, no son muy transparentes. En todo caso, han creado un sistema o tramado, el cual, al no haber una clara legislación en España, se saltan de forma subliminal todas las leyes. Y eso, que en internet, con el auge de las tecnologías, cada ves aparecen nuevas formas de envío de dinero, que no son perfectamente rastreables. Y Podemos, sin dudas, están a la vanguardia de todo ello, y todo ello gracias en alguna medida al famoso asesor informático de Podemos, el señor Hervé Falciani, experto en detectar evasores fiscales.

La incursión chavista en la política española.

En España me ha tocado vivir el auge de un partido político de cortes populistas, llamado Podemos, que según diversas fuentes, fue financiado por el régimen chavistas desde Venezuela. La cuestión, es que esa versión española de partido "chavista", en apenas dos años, se convirtió en la tercera fuerza política. Y para rematar, su máximo líder, Pablo Iglesias, manifestaba a los cuatro vientos, que Venezuela "es una las democracias más saludables del mundo". Es decir, se puede entender perfectamente, que dicho partido, su modelo ideológico, se basa en el chavismo. Seguro que me dirán que exagero con dicha afirmación. Pero para aclararles las dudas, les voy a citar unas de las tantas frases de tipo corte revolucionario pronunciadas por el señor Iglesias. En parte de una entrevista en un canal de televisión en octubre de 2014, dijo lo siguiente: "Un gobierno no puede salir un día y abolir la economía de mercado, no se puede, ya me gustaría a mí (...) Somos muy pequeños para cargarnos el capitalismo nosotros solos, para eso necesitaríamos a Podemos en todo el mundo". A ver, a que ahora si les suena a que es ideología 100% chavista.

En cuento a los orígenes de Podemos, hay quienes apuntan al llamado Movimiento 15M. Y qué es eso?... bueno, se trató de un movimiento ciudadano formado a raíz de la manifestación del 15 de mayo de 2011, convocada por diversos colectivos de izquierda, donde varios grupos de personas decidieron acampar en plazas de diferentes ciudades de España esa noche en forma de protesta, con la supuesta intención de promover una democracia más participativa alejada del bipartidismo PSOE-PP y del dominio de bancos y corporaciones. A partir de la movilización mundial del 15 de octubre de 2011, los activistas que formaban parte de las acampadas y asambleas, empezaron a crear colectivos temáticos. Asimismo, comenzaron a formarse nuevos partidos políticos, como el Partido X en enero de 2013, o Podemos en 2014, que se presentaron a las elecciones europeas de 2014, en donde Podemos consiguió cinco eurodiputados, siendo el cuarto grupo más votado.

Es de resaltar, que unas de las vías usadas por los organizadores del 15M para promocionarse y lanzar su discurso, fueron las redes sociales en internet, usando ese discurso de que se trataba de gente apolítica, independiente, desempleados, estudiantes... Pero la realidad, es que detrás, había un grupo de ideología de extrema izquierda anarquista comunista, que intentaba usar un discurso falso. Un ejemplo de quienes estaban detrás del 15M, lo podemos ver en el caso del profesor de Ciencias Políticas Carlos Taibo, quien pronunció un discurso a la gente concentrada en la Puerta de Sol en Madrid, en el que planteaba las ideas en las que, a su juicio, estaban de acuerdo los reunidos: la crítica al funcionamiento de los grandes partidos y las instituciones del Estado al margen de la población; el carácter antisocial de la política económica seguida hasta entonces; la oposición al principio de competitividad, que castigaría particularmente a jóvenes, mujeres y ancianos; la defensa de un desarrollo sostenible y la urgencia de reducir el gasto militar. La cuestión, es que en su lindo discurso, se le olvidó señalar que él no es una persona de ideología independiente. Él es una persona firme partidaria del movimiento anarquista.

Imagen de la manifestación del 15M en Madrid. Como curiosidad, en la imagen se ven cuatro banderas soviéticas.

Las manifestaciones del 15M se convirtieron en acampadas permanentes que ocuparon la Puerta del Sol de Madrid, la Plaza de Cataluña de Barcelona y otros lugares emblemáticos de algunas otras ciudades españolas, inaugurando así una larga serie de protestas. De esas protestas se constituyeron pequeños grupos que debatían propuestas de muy distinta índole; desde la proclamación de la república hasta el cierre de las centrales nucleares pasando por la utilización de nuevas fórmulas de participación política. Es de destacar, que en todos esos grupos, la izquierda estaba infiltrada, llevando la batuta de los debates, haciéndose pasar por personas independientes. Detrás de toda esa falsa, estaba una plataforma llamada "Democracia Real YA", que se autodefinía como apartidista, asindical, pacífica, contraria a formar parte de cualquier ideología pero no apolítico. Eso si... los anarquistas y comunistas son quienes dirigían el tinglado, y decidían que temas, y quienes hablaban en público.

Del llamado "movimiento 15M, en enero de 2013 surge públicamente el Partido X. Ese partido, según ellos, aboga por un modelo de democracia monitorizada y participada por la ciudadanía, explotando el potencial político de las herramientas de comunicación digitales. Su programa se basa en cuatro pilares: la transparencia en la gestión pública; el poder legislativo ciudadano; el derecho a voto real y permanente; y, la aplicación del referéndum vinculante (idea expandida por el dictador Hugo Chávez). Ese partido sólo se presentó a las elecciones al Parlamento europeo en 2014, y quien encabezó la lista, fue el famoso "espía informático" Hervé Falciani. Falciani se hizo famoso gracias a la llamada "lista Falciani", la cual consistió en información de más de 130.000 supuestos evasores fiscales que Falciani sustrajo ilegalmente de la filial suiza del banco HSBC, y tras ser detenido en 2008 y, al ser puesto en libertad, escapa a Francia. Posteriormente, el 30 de enero de 2014, Falciani, junto con el Partido X, presenta una herramienta informática para monitorizar las transacciones bancarias a nivel europeo para poder elaborar un mapa de los flujos financieros que permita detectar el fraude fiscal. Su objetivo era conseguir que ese sistema de espionaje informático fuese obligatorio para todos los bancos, impuesto por las instituciones mediante leyes para someter a las entidades financieras a este tipo de control. Eso si... bajo la estricta vigilancia y coordinación de Falciani, estableciendo, según su criterio, quien podría ser denunciado o no por fraude fiscal.

Tras el fracaso electoral de Falciani como candidato del partido X, en febrero de 2015, él comunica que empezaba a colaborar con el partido Podemos en la redacción de un informe sobre modos de combatir el fraude fiscal, que al final, deduzco, que no funcionó muy bien, ya que a uno de los famosos fundadores de Podemos, Juan Carlos Monedero, los inspectores de Hacienda en España, a comienzos de febrero de 2016, le consideraban como "un claro caso de fraude tributario", al descubrirse, que

Monedero intentó ocultar pagos de diversos Gobiernos chavistas de América Latina, en donde al final, Monedero tuvo que pagar 200.000 euros, ante la amenaza de una sanción fiscal por intento de fraude fiscal. La cuestión, es que el lavado de dinero, siempre ha sido unos temas tabú en Podemos, y claro, quien mejor para dar información y asesoría sobre el tema, que el mismo Falciani. A parte del lavado de dinero procedente de Venezuela o Irán, Podemos, dispone de un potente sistema de fraude informático de votación interna, y posiblemente, ello es también gracias a Falciani.

Hervé Falciani, el experto espía informático asesor de Podemos en España.

Otros partidos surgidos por influencia del 15-M fueron el Movimiento de Renovación Democrática Ciudadana, la Agrupación de Electores Recortes Cero, y claro está, Podemos, el cual surge en febrero de 2014.

Un detalle a destacar en todo este cuento del 15M, es que el líder de Podemos, Pablo Iglesias, reconoció en 2013, que el Gobierno de Hugo Chávez le ofreció financiar el movimiento 15M con dinero del petróleo de Venezuela, con el fin de transformarlo en un instrumento político al servicio del chavismo en España. Iglesias lo relató así en una conferencia ofrecida en la Universidad del País Vasco (UPV) en mayo de 2013:

"Recuerdo que los venezolanos, que una de las cosas que más producen es dinero por el tema de los petrodólares, me preguntaban: '¿cómo podemos ayudar a financiar al 15M?' Pero no se puede financiar al 15M, porque no es una organización que tenga una dirección responsable de finanzas. Incluso con la voluntad de ayudar y colaborar, los resultados son muy limitados, a pesar de que sean interesantes". Por otro lado, en la primavera de 2011, la Fundación Centro de Estudios Políticos y Sociales (CEPS), que estaba dirigida por los mismos profesores universitarios que luego fundaron Podemos, remitió dos informes al Gobierno de Hugo Chávez en el que le proponían infiltrarse en el movimiento 15M, con el fin de instrumentalizar y poner a su servicio las protestas de los indignados españoles. En un primer "informe táctico" fechado el 20 de mayo de 2011, los asesores españoles del Gobierno de Hugo Chávez apuntaban la posibilidad de que la movilización de los indignados, registrada "en un contexto de recortes sociales e insatisfacción política, pueda convertirse en la mecha que encienda las protestas a lo largo de Europa en contra de las políticas desplegadas desde el inicio de la crisis". Ante el riesgo de que la marea indignada se extendiera a Venezuela y fuera capitalizada por "fuerzas opositoras al Gobierno Bolivariano", el informe instaba a las Juventudes del PSUV (el partido de Hugo Chávez) a expresar su apoyo a los indignados españoles recalcando que las principales reivindicaciones del 15M "ya están siendo aplicadas por el Gobierno Bolivariano, cuando no trascendidas (ejemplo de las medidas bancarias)".

Una semana después, el 28 de mayo de 2011, la Fundación CEPS remitió al Palacio de Miraflores en Caracas, un segundo informe titulado Estrategias para una aproximación bolivariana al movimiento de los indignados en España y Europa, en el que proponía al Gobierno de Hugo Chávez una hoja de ruta para apropiarse del movimiento 15M en España. El documento destaca "la importancia crucial que estas movilizaciones podrían tener a la hora construir nexos entre el Proceso Revolucionario Venezolano y otras luchas que ayudarían a impedir el aislamiento al que la derecha internacional pretende relegar a la Revolución Bolivariana". Tras hacer un esbozo de las posiciones políticas defendidas por el 15M, el documento plantea una serie de recomendaciones para establecer una "articulación permanente entre la Revolución Bolivariana y el movimiento de los indignados" españoles. La operación se llevaría a cabo a través de "las distintas organizaciones revolucionarias, particularmente el PSUV (el partido de Hugo Chávez) y su Juventud (…), aprovechando sus relaciones con camaradas comunistas que participen en esos espacios de movilización". Es de resaltar, que en aquel momento, formaban parte del patronato de la Fundación CEPS Pablo Iglesias, Íñigo Errejón, Luis Alegre, Carolina Bescansa y Alberto Montero, entre otros líderes que, tres años después, pusieron en marcha Podemos declarándose herederos del movimiento 15M. Por su parte, otro de los fundadores de Podemos, Juan Carlos Monedero, ocupó durante varios años un despacho en el Palacio de Miraflores como asesor personal de Hugo Chávez, donde manejaba un presupuesto anual de 6,5 millones de bolívares (alrededor de 1,1 millones de euros).

Otro dato a tomar en cuenta, es que en octubre de 2013, tres meses antes de la fundación de Podemos, Nicolás Maduro firmó una orden para pagar 142.000 dólares a tres miembros de Podemos identificados en el escrito como "Sociólogos y activistas del movimiento 15M/Indignados". . Concretamente fueron Carolina Bescansa, Jorge Lago y Ariel Jerez.

Lo cierto, es que la idea original del 15M, el cual, consistió en desatar una ola de indignación ciudadana con manifestaciones en diversas ciudades españolas, no surgió de forma esporádica. Había una financiación, organización, un método, un fin. La idea, en mi opinión, era hacer pasar por gente apolítica a los organizadores o creadores del movimiento, quienes pedían en sus lindos discursos unos cambios, ocultando, que detrás de todo ello, habían intereses de un sector político vinculado a los comunistas, anarquistas, y grupos similares. Tras intentar convencer a la sociedad española de su supuesta imparcialidad, la gente se dio cuanta que era un típico instrumento de manipulación de masas, el cual, con el paso del tiempo, quedó en el olvido, siendo sus herederos, los señores de Podemos, que hoy creo, también tras engañar a la gente, va por el mismo camino del olvido.

Podemos, participa en sus primeras elecciones generales en España en 2016, consiguiendo ser la tercera fuerza política, con 3.227.123 votos, y una representación parlamentaria en el Congreso con 45 diputados. La campaña electoral para dichas elecciones, fue algo atípica, ya que dos partidos de izquierda (PSOE Podemos), intentaban llevar el monopolio ideológico, o mejor dicho, intentaban dar a entender que uno era más de izquierda que el otro. En resumidas, Iglesias, buscaba una forma de quitarle votos al partido Socialista Obrero Español (PSOE), y el PSOE, buscaba la forma de evitar que Podemos sumase votos de gente descontenta con el PSOE. Y éste tipo de enfrentamiento, se vería en las restantes campañas electorales.

En 2018, ya el partido Podemos, gobernaba en algunos ayuntamientos (Por ejemplo, Madrid y Barcelona), y formaron coaliciones de gobierno en algunas regiones de España. De hecho, hay un hecho de grandes consecuencias en donde tuvieron un protagonismo. A mediados de 2018, junto con los partidos radicales separatistas o independentistas, formaron una coalición de gobierno, para poner de presidente al "inutil" de Pedro Sánchez, del PSOE. Es decir, los chavistas españoles, han tenido la influencia para sacar un gobierno legítimo electo en las urnas, el de mariano Rajoy, gracias al apoyo de una moción de censura, y poner al "títere" Sánchez, quien llegó "por la puerta de atrás", sin ganar unas elecciones, y a quien los podemistas sobornan todos los días, diciéndole, que si no acepta sus peticiones, dejarían de apoyarle, y con ello, se convocarían nuevas elecciones.

Hay quienes dudan, si en realidad, Pablo Iglesias, se ha desempeñado como un presidente en la sombra, ya que es quien llevaba en alguna medida como vicepresidente de Gobierno de España, la iniciativa en cuanto al anuncio de medidas económicas. Así, que en 2018, en España había un radical "chavista" tomando decisiones importantes en nombre del gobierno español.

Tras ser electo diputado el señor Iglesias en 2015, en aquel entonces manifestaba con orgullo que vivía en un pequeño piso de una barriada de Madrid. Pero en mayo de 2018, decide comprarse un chalet de 268 m2 sobre una parcela de 2.000 m2, con su piscina, en una de las zonas más caras de Madrid. En fin, se nota, que eso de ser revolucionario chavista, va muy bien con sus principios ideológicos. Mientras por un lado, da su gran discurso de que hay que defender a los llamados "okupas" (gente que invade y ocupa ilegalmente casas), por otro lado, él, en su nueva gran casona, no quiere ver ni un "okupa". Es decir, según él, su casona es sagrada, y no se toca. Es tan especial su nueva casona, que creo, que fue uno de los pocos diputados españoles, que le habían asignado policías de paisanos cerca de su casa como escolta especial. Pero eso sí, según su ideología chavista, las casas de los demás, pueden ser invadidas o ocupadas ilegalmente por sus camaradas okupas, pero la de los llamados "líderes revolucionarios", no se tocan ni en pintura!.

Pero de dónde surgió Pablo Iglesias? Bueno... sus orígenes en política fueron en el partido comunista de España, del cual, se separó, ya que según su visión radical, el partido era muy blando. Posteriormente, fue incursionando en el mundo de la televisión, agarrando algo de fama por su posición radical de izquierdista. En 2014, con un grupo de amigos, crea Podemos, participando en las elecciones al Parlamento Europeo, y consiguiendo dicho partido, cinco escaños. Es decir, en menos de un año, funda un partido, y saca 5 escaños en las elecciones europeas. Y lo lógico de preguntar en éste caso, es que para montar un partido, y gastar dinero en campaña, el dinero ha tenido que salir de algún sitio. Y lo más seguro, es que no ha salido del bolsillo de los militantes de su partido. Es por ello, que como lógica, alguien se plantee, si hay alguien detrás de Podemos. La cuestión, es que nadie duda de las relaciones del chavismo con los orígenes de Podemos, ya que está más que demostrado, que algunos de los fundadores del partido, recibieron dinero del gobierno venezolano.

A mediados de 2017, un medio digital español llamado okdiario.com, presentó un interesante reportaje, donde indicaban que Hugo Chávez, y después Nicolás Maduro, financiaron con al menos 7.765.000 de Euros a los principales líderes y fundadores de Podemos, en los meses y años previos a la creación del partido.

En el reportaje se indica que "Según los documentos desvelado por OKDIARIO el gobierno de Maduro ordenó en febrero de 2014 pagar 272.325 dólares (alrededor de 220.000 euros) al actual secretario general de Podemos, Pablo Iglesias, en una cuenta del Euro Pacific Bank en el paraíso fiscal de las islas San Vicente y Granadinas." Para ello, Okdiario presenta una copia de la orden de pago del gobierno venezolano.

Y ante esta noticia, qué ha hecho el señor Iglesias? Pues denunciar al periodista que publicó la información, y el resultado de dicha denuncia, fue que la perdió, ya que el juzgado encargado de ello, llegó a la conclusión de que la noticia era "veraz", contrastada y de interés general".
Por otro lado, en el reportaje de Okdiario, se señala, que uno de los fundadores de Podemos, Juan Carlos Monedero, cobró 425 mil euros del Banco Alba, controlado por el régimen chavista. Según dicho diario, Monedero asegura que cobró dicho dinero "por redactar un informe sobre

la implantación de una moneda única en los países de la órbita chavista. Un informe que jamás ha visto la luz y que, según todos los indicios, nunca ha existido. Previamente, Monedero había trabajado durante al menos tres años en el palacio presidencial de Miraflores en Caracas como asesor personal de Hugo Chávez.".

REPUBLICA BOLIVARIANA DE VENEZUELA
MINISTERIO DE ECONOMIA Y FINANZAS   ORDEN DE PAGO   Nro. 36277

Fecha: 11/03/2014

Año: 2014   Organismo: MINISTERIO DEL PODER POPULAR DE ECONOMIA, FINANZAS Y BANCA PUBLICA

Unidad Administradora: Procesamiento de Pagos
Unidad Geográfica: 1   Región: Capital
Municipio: Libertador   Ciudad: Caracas

Código de la Acción Centralizada: 222   Tipo de Acción Centralizada: transferencia en cuenta

Código del Proyecto: n/a   Nombre del Proyecto: n/a

R.I.F.: n/a   Nombre del Beneficiario: Pablo Iglesias Turrión

Abónese en Banco: EURO PACIFIC BANK

La Cantidad de: Doscientos setenta y dos mil, trescientos veinticinco dólares americanos ($272.325,00)

Documento de respaldo

Tipo de registro: Causado   Tipo: 1   Nro. PR   Fecha de Pago: Procesada.

Fuente de Financiamiento: Ingresos Ordinarios   Origen Monto Ley   Tipo de Pago Directo   Medio de Pago Abono en Cuenta

Imputación Presupuestaria					Denominación	Monto
AE	UEL	PA G SE SS				
C2	n/a	036 1 16 0032			Pago Convenio suscrito por concepto de Asesorías para el Desarrollo Social en el país.	$272.325,00

R.C.P. Nro.   Total Bs. $272.325,00

Retenciones (1)   -0-

Neto a Pagar Bs. $272.325,00

Autorizado, P/C a 01

Abónese en Banco: EURO PACIFIC BANK (Ver anexo)   Nro.: 2060436

Para uso de la Tesorería Nacional

Firmas Autorizadas

Ramón Campos C.   Director de Administración

Pedrito Mayor Torres   Ordenador de Pago

  Contraloría General

Carlos G. Nerida F.   Oficina Nacional del Tesoro

V1

Orden de pago a Pablo Iglesias en el paraíso fiscal de
San Vicente y Granadinas publicada por OKDIARIO.

Ok diario por otro lado indica que "ha publicado las pruebas de que Nicolás Maduro firmó personalmente la orden para pagar otros 142.000

dólares (alrededor de 120.000 euros) a tres miembros destacados de la dirección de Podemos, los diputados Carolina Bescansa, Ariel Jerez y Jorge Lago". "En teoría, los tres diputados de Podemos cobraron esta cantidad por elaborar el "diseño político comunicacional del material audiovisual" para el stand de la compañía estatal Petróleos de Venezuela SA (PDVSA) en el XXI Congreso Mundial de Petróleo celebrado en junio de 2014 en Moscú.".

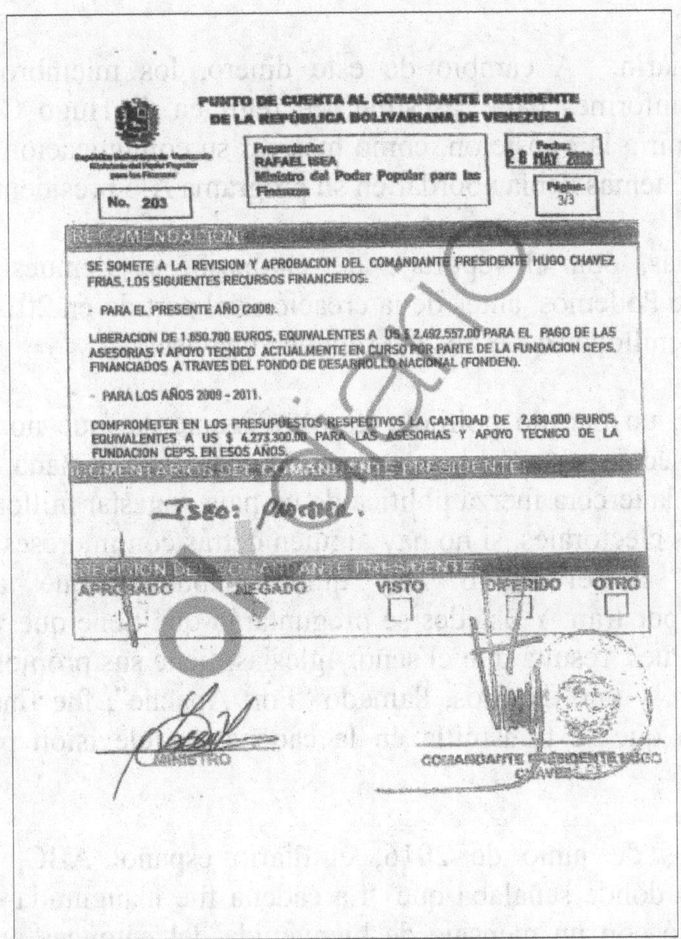

Orden de pago a la Fundación CEPS firmada por Hugo Chávez.

Y para finalizar, en el reportaje de investigación, se señala que "En una declaración jurada, el ex ministro de Finanzas chavista de Venezuela Rafael Isea había confirmado ante la Policía española que Hugo Chávez ordenó en 2008 pagar 6,7 millones de dólares (unos 6 millones de euros) a la Fundación CEPS (Centro de Estudios Políticos y Sociales), de cuyo patronato formaban parte los principales fundadores de Podemos: Pablo Iglesias, Íñigo Errejón, Carolina Bescansa, Rita Maestre, Alberto Montero y Luis Alegre, entre otros". Para ello, el diario aporta como prueba una copia del documento firmado por Chávez. Okdiario afirma que Chávez "ordena abonar esta cantidad a la Fundación CEPS para "propiciar [en España] un cambio político aun más afín al gobierno bolivariano". Y menciona expresamente los nombres de Pablo Iglesias, Juan Carlos Monedero y Jorge Verstrynge como "aliados naturales de la revolución bolivariana".

Según Okdiario, "A cambio de este dinero, los miembros de CEPS elaboraban informes para "asesorar" al régimen de Hugo Chávez sobre cómo reprimir a la oposición, cómo mejorar su comunicación e incluso le sugerían qué temas debía abordar en su programa Aló presidente.".

En resumidas, con el reportaje de Okdiario, se demuestra, que los dirigentes de Podemos, antes de la creación del partido en 2014, ya habían cobrado 7,7 millones de euros del régimen chavista.

Pero insisto, un partido político, de ultra izquierda, que no cree en los bancos y el sector privado, de la nada, y de noche a la mañana, no se puede convertir en la tercera fuerza política de un país, y gastar millones de euros en campañas electorales, si no hay alguien detrás con intereses ocultos. De algún sitio sale el dinero. Hay quienes apuntan, que también son financiados por Irán. Y ustedes se preguntarán qué tiene que ver Irán con Podemos?. Pues, resulta que el señor Iglesias, tiene sus propios programas de televisión, y uno de ellos, llamado "Fort Apache", fue financiado por ese país, ya que se transmitía en la cadena de televisión pública iraní Hispan TV.

A comienzos de junio de 2016, el diario español ABC, publicó un reportaje, en donde señalaba que "La cadena fue inaugurada en enero de 2012 y contó con un mensaje de bienvenida del entonces presidente de Venezolano, Hugo Chávez. De hecho, fue el gobierno de Venezuela quien puso en contacto a Pablo Iglesias y a Juan Carlos Monedero con los iraníes para que produjeran y financiaran su programa de televisión con alcance hispanoamericano. Iglesias y su equipo más cercano de colaboradores comenzaron a producir el programa "Fort Apache" en septiembre de 2012, aunque los primeros cobros los percibieron en diciembre de ese año, según los documentos cotejados por ABC."

Adicionalmente, en dicho reportaje del diario ABC, se indica que "La documentación a la que ha tenido acceso ABC revela que Pablo Iglesias emitió como autónomo al menos 24 facturas a la citada productora, manejada por el iraní Azimi Mahmoud Alizadeh, entre el 28 de diciembre de 2012 y el 11 de noviembre de 2015, cuando restaba poco más de un mes para las (elecciones) generales del 20-D. Suman 97.610 euros netos, a los que se añade el 21 por ciento de IVA (20.498,10 euros) y se aplica la correspondiente retención."

La cuestión, es que no se tiene muy claro, cual fue el destino de ese dinero. Y lo que se sospecha, es que parte fue destinado a la fundación o financiación de Podemos. Y si eso ha sido así, entonces estaríamos ante un delito de financiación ilegal de un partido político español, con fondos de gobiernos extranjeros (Venezuela y Irán). Y cuidado, que seguro, que un día, se descubrirá que los rusos, expertos en inmiscuirse en campañas electorales como las de EE.UU o Francia, también ayudaron a Podemos. Y creo que seguro algo han hecho, ya que los rusos, son muy amigos del régimen chavista venezolano.

A finales de 2017, en una comisión de investigación de partidos políticos realizada por el senado español, el ex socio de Pablo Iglesias, y director de Canal 33, Enrique Riobóo, había acusado a Iglesias de fundar Podemos con dinero procedente de Venezuela e Irán. En dicha comisión de investigación, Riobóo señaló que Iglesias y Monedero tenían los "bolsillos dopados" de dinero de estos países. Para el empresario, Podemos no habría conseguido cinco europarlamantarios en 2014 sin los fondos recibidos desde el extranjero, de los cuales él fue "testigo" por la relación que mantenía con ellos desde su puesto en el canal que emitía "La Tuerka" (Otro programa de tv de Pablo Iglesias).

También, en dicha comisión de investigación del senado español, fue citado el señor Monedero, quien reconoció haber cobrado un total de 425.150 euros de los gobiernos de Bolivia, Nicaragua, Venezuela y Ecuador, por trabajos de asesoría para implantar una moneda común.

Por cierto, en 2016, el Parlamento venezolano, con mayoría opositora en ese momento, también creó su comisión de investigación sobre la financiación de Podemos, y habían invitado al señor Iglesias a ir a Caracas a aclarar dudas. La cuestión, es que el señor Iglesias no tenía tantas ilusiones de acudir a una comisión de investigación en Venezuela.

Pero la gran cuestión en todo éste tema, es cuánto dinero se movió por paraísos fiscales con destino a la financiación y creación de un partido con ideología chavista en España?. A mediados de enero de 2016, según una investigación de la policía española, el llamado "entramado de comunicación de Podemos", había recibido 2,4 millones de Euros de Irán en 4 años. Y ante las acusaciones que han dicho los de Podemos: que todo ese dinero se ha circunscrito a la producción del programa de televisión "Fort Apache". A mediados de febrero de 2016, la policía española presenta un informe al Tribunal de Cuentas Español, en donde se deduce, que hay indicios suficientes para actuar por parte de dicho Tribunal contra Podemos. Tras las primeras investigaciones de dicho Tribunal, en agosto de 2017, éste manifestó, que deseaba conocer quién financia a Podemos, ya que dicha organización política, siempre ha alegado, que su financiación se basa en las ayudas voluntarias de sus seguidores. Tras dicha presión del Tribunal, los podemistas presentaron su lista de donantes, en donde hay unas 500 personas, y en donde muchos de esos donantes, presentan serias dudas. Y ustedes se dirán qué dudas?. Muy sencillo. En esa lista figuran mucha gente que gana menos de 12 mil euros al año, y que han donado entre 1 mil y 5 mil Euros. Alguien se cree que gente con bajos ingresos donen esas grandes cantidades de dinero?. En fin, en España se conoce esa practica como "pitufeo". Es decir, utilizar a muchas personas que hacen pequeñas transferencias bancarias para blanquear dinero, en éste caso, hipotéticamente, dinero proveniente de Venezuela o Irán.

Insisto... para crear un partido político a nivel Europeo, y ser la tercera fuerza política en España, han tenido que gastar bastante dinero, y ese dinero, no ha salido de los militantes de podemos. Aun, en 2018, no se está muy claro, el cómo se financió la creación y auge de ese partido chavista. Pero estoy seguro, que un día no muy lejano, saldrá la verdad, y más de uno, se llevará su gran sorpresa.

Para que tengan una idea, de que la influencia chavista llega muy lejos dentro de Podemos, les voy a contar una cosa curiosa. Tras conseguir 67 diputados en el Parlamento Español en 2016, los podemistas "prometieron" su cargo de diputado con esta frase: "Prometo acatar esta Constitución y trabajar para cambiarla. Nunca más un país sin su gente. Nunca más un país sin sus pueblos". Esta frase, repetida, y completada, por todos los diputados electos de Podemos, se inspira en la utilizada por Hugo Chávez diecisiete años antes, cuando el "comandante" juró como presidente diciendo: "Juro ante Dios, ante la patria y ante mi pueblo, sobre esta moribunda Constitución, que haré cumplir e impulsaré las transformaciones democráticas necesarias para que la República nueva tenga una Carta Magna adecuada a los tiempos". Ambas fórmulas tienen dos aspectos en común: la promesa de reformar la Constitución y el abuso de las referencias al "pueblo" y la "gente".

Y para finalizar éste tema, les voy a contar otro hecho, que demuestra, lo ultra chavista que es el señor Iglesias. En 2013, tras la muerte del "comandante", Iglesias fue el encargado de presentar un acto de homenaje a Chávez en Madrid. En dicho evento, el líder de Podemos decía que "Hugo Chávez era la democracia de los de abajo, Hugo Chávez era la democracia, era un escrache para los poderosos, por eso le temían y le siguen temiendo".

Pablo Iglesias, con su camiseta chavista,
en el acto de homenaje a Chávez en Madrid.

En resumidas: los chavistas en España habían conseguido el objetivo de un cambio político al montar un nuevo gobierno más afín al régimen bolivariano, y todo ello gracias a la financiación con petrodólares desde

Caracas, para crear de la noche a la mañana, lo que sería la tercera fuerza política en España en 2018. Dicha fuerza política llamada Podemos, junto con los socialistas y grupos radicales de izquierda, entre mayo y junio de 2018, orquestaron lo que muchos llamarían "un golpe de Estado" contra un gobierno legítimo que había ganado limpiamente unas elecciones.

A partir de comienzos de 2019, los chavistas españoles, sustentan en gran medida al gobierno del socialista Pedro Sánchez. Tal era el dominio de Pablo Iglesias sobre Sánchez, que cuando le preguntaban al "líder" socialista sobre la crisis en Venezuela, éste salía con el mismo discurso de su colega de partido, Rodríguez Zapatero. Es decir, decía que la solución era el dialogo.

Pero todo esto cambió a partir de finales de enero de 2019, tras la aparición de Guaidó como presidente en Venezuela, haciendo que éste hecho, obligase a que Sánchez diese un giro de opinión a su pesar, y todo gracias a la presión de la oposición política en España, y también a la presión internacional, y más, cuando el propio Parlamento Europeo, dio su apoyo a Guaidó.

Pedro Sánchez y Pablo Iglesias, hasta finales de enero de 2019, aliados en la defensa de la Revolución Bolivariana en España.

Y frente a la nueva posición de España sobre Venezuela, que han dicho los señores de Podemos, y la izquierda radical española... Pues, que Venezuela es una democracia, y que apoyan sin fisuras el régimen de Maduro.

En fin... con lo ocurrido en España a mediados de 2018 (Moción de censura contra Mariano Rajoy), queda demostrado, que con el dinero de los petrodolares de Venezuela en manos de la izquierda radical, se puede tumbar y montar gobiernos. De hecho, ya los chavistas lo habían aplicado en gran medida en Bolivia, Ecuador, Nicaragua, o El Salvador. Y no hay que olvidar el nuevo caso mexicano, en donde llegó al poder un nuevo aliado de Maduro, el señor Andrés Manuel López Obrador. Y todo gracias aaaaa ...

Mi esperanza, es que tal como van los acontecimientos, ya el régimen de Caracas, no tiene tanta facilidad para seguir financiando la creación o mantenimiento de partidos "chavistas" por el mundo. Ya no hay tantos petrodólares. De hecho, en las pasadas elecciones generales y regionales de mayo de 2019 en España, los señores de Podemos, han tenido un fuerte desplome de votos. Seguro que en aquel momento, el señor Iglesias llamó desesperado a sus aliados de Caracas para pedir ayuda, y seguro que alguien le diría en nombre de Nicolás Maduro lo siguiente: Pablito, ya no hay petrodólares!.

La moción de censura en 2018 en España.

Un dato curioso, es que el 14 de junio de 2017, el señor Pablo Iglesias, presentó en el Congreso de los Diputados, su moción personal de censura contra el presidente de Gobierno Mariano Rajoy, la cual, le dio a Iglesias cierto protagonismo en los medios de comunicación. Es decir, se montó una forma de crear un show mediático, para hacerse publicidad en los medios de comunicación, a sabiendas que nunca iba a ganar dicha moción de censura. En ese entonces, Podemos era la tercera fuerza política en el Congreso, con 45 diputados. El Parlamento español en total son 350 diputados, y para conseguir que prospere la moción contra Rajoy, tienía que conseguir una mayoría absoluta de votos afirmativos contra Rajoy. Cuando Iglesias presentó dicha moción, toda España, incluido él, ya sabía que no iba a conseguir esa mayoría de votos. Lo que hizo Iglesias, fue hacer una autocampaña electoral, promocionando su imagen, como posible sustituto de Rajoy, y tratando de crear en gran medida una especie de división interna dentro del PSOE, y con ello, de desprestigiar en alguna medida la imagen de Pedro Sánchez como supuesto líder de la oposición en es momento. Tras el fracaso de dicha moción, Iglesias se dedicó a acusar al PSOE, de traidores, por no apoyarle, o por permitir que Rajoy siguiera en la presidencia.

Meses después, a finales de mayo de 2018, Pedro Sánchez presenta su versión de moción de censura contra Rajoy, eso si, en ésta ocasión, pedía el apoyo de Iglesias, para lo cual, establecieron acuerdos secretos, que en gran medida, hoy, no se conocen con exactitud. Lo cierto, es que la normativa parlamentaria española, establece, que cuando se presenta una moción de censura, se debería tener una idea de cuantos la apoyarían. De hecho, Sánchez, no tenía idea si podía prosperar, ya que Iglesias, y los grupos que representan la izquierda radical, y los nacionalistas separatistas vascos y catalanes, no estaban muy por la idea de apoyar a Sánchez. A lo largo de un mes de dimes y diretes, entre los llamados partidos "progresistas" de izquierda y los grupos nacionalistas separatistas, no se tenía muy en claro que la moción triunfase, con lo cual, estaba enfocada al fracaso. Así, que Sánchez se la jugó con usar a Pablo Iglesias, para que fuese una especie de mediador secreto frente a los otros grupos parlamentarios, como lo fue el caso de los nacionalistas catalanes, o vascos. Así, que el día de la votación de la moción, ocurrió el milagro de que toda la oposición de izquierdas, junto a los separatistas nacionalistas catalanes y vascos, diesen su apoyo a Sánchez. El resultado final fue 180 escaños contra Rajoy, cuatro por encima de la mayoría absoluta exigida. Con éste resultado, Rajoy fue obligado a dejar el cargo, y Sánchez, asumiría provisionalmente la presidencia de Gobierno, a la espera de una convocatoria electoral. El resultado de la votación de la moción de censura fue 180 contra 169. Es de resaltar, que el PSOE solo tenía 84 diputados, y con ello sería la mayor minoría parlamentaria de un Gobierno en la historia de España, apoyado por tantos partidos distintos, con muchos intereses enfrentados entre si. Muchos llamaron a esta alianza de partidos "Frankenstein". Lo cierto, es que sin el papel de Pablo Iglesias, en las llamadas "negociaciones" secretas con los partidos independentistas catalanistas y vascos, Sánchez, jamás habría llegado al poder.

El 2 de junio de 2020, Pedro Sánchez es investido presidente de Gobierno "en funciones", y el 7 de junio, presenta a sus ministros, destacando como curiosidad, que no habían miembros de Podemos en el nuevo gabinete ministerial.

El papel de Podemos en la llegada de Pedro Sánchez al poder.

Tras llegar por la puerta de atrás a la presidencia, muchos ciudadanos empezaron a ver que Sánchez daba bandazos. A pesar de las dimisiones de dos ministros por escándalos; a pesar del escándalo de su tesis doctoral la cual aparentemente nunca hizo o se la hizo otra persona; a pesar de sus injustificados viajes al exterior para escurrirse de sus responsabilidades en España; a pesar de sus incoherencias de doble personalidad (el opositor Sánchez frente al presidente Sánchez); y a pesar de muchas cosas más, él, y sólo él, ha insistido contra viento y marea, que estaría en el cargo hasta el 2020. Es decir, llueve, truene, o relampaguee, nadie, ni nadie, le movería del sillón presidencial.

Pedro Sánchez convoca elecciones generales para el 28 de abril de 2019, en donde el PSOE gana con un 28,68%, pero no tiene la mayoría parlamentaria para formar Gobierno. Lo increíble, es que la misma noche, en que se conocían los resultados electorales, el señor Pablo Iglesias, con un resultado del 14,31%, en donde con ese resultado habían perdido 29 diputados en comparación con las anteriores elecciones de 2015, anunciaba que seguían siendo imprescindibles para formar un llamado "Gobierno de izquierdas". Ese tono triunfalista tras una debacle electoral, es por el hecho, que para que gobierne el PSOE, necesitaban el apoyo de los diputados electos de Podemos para formar un hipotético Gobierno, y claro, el señor Iglesias, antes de dar su apoyo a Sánchez, pide a cambio algunas cosas, como por ejemplo, que le den en sus manos la gestión de los ministerios más importantes, como los de economía, o los organismos de seguridad del Estado.

En España, para que un ciudadano pueda ser electo Presidente de Gobierno, tiene que postularse en una lista de candidatos a diputados por un partido. Los ciudadanos acuden a lar urnas para elegir esos diputados en unas llamadas "elecciones generales", y luego, esos diputados electos, en sede parlamentaria, votan a uno de esos diputados postulados por el partido más votado, en el llamado proceso de investidura, en donde dicho candidato, ante los diputados, tiene que presentar su plan de Gobierno. Si ese candidato consigue la mayoría de votos, que consiste en tener más de 50% del apoyo de los parlamentarios, ese diputado es electo Presidente de Gobierno. Si ese candidato no consigue esa mayoría en dos rondas de votación, y en vista que no hay acuerdos en el Parlamento, se disuelven las cámaras (Parlamento), y se tienen que convocar de nuevo elecciones, y volverse a repetir el mismo proceso de elección.

Para entender un poco el como funcionan los resultados electorales en España, les voy a dar un pequeño ejemplo: Si el partido Popular (PP) gana con el 40% de los votos, y el PSOE, Podemos, grupos independentistas, comunistas, etc., suman el 50,01%, pues, por más que el PP ha ganado las elecciones y postula a uno de sus diputados como candidato a Presidente de Gobierno, los restantes partidos, tras finalizar las elecciones, tienen la opción de formar una alianza anti PP, y no dejarle gobernar. De hecho, pueden entre ellos llegar a un acuerdo para presentar un candidato alternativo para ser votado en en Parlamento, y derrocar al partido que ganó las elecciones. Pues, esto ocurre en las alcaldías, ayuntamientos, gobiernos regionales, y por supuesto, en la designación del presidente de Gobierno. En resumidas, los perdedores del bloque de izquierdas, tras unas elecciones, siempre se suman en muchos casos, para no dejar gobernar al que ganó las elecciones. Esas alianzas de izquierda, tras las elecciones, moralmente no siempre son muy legítimas ante la opinión pública, la cual, es el caso español, a pesar de todo, la mayoría de los ciudadanos lo ven como una cosa normal del juego democrático. Parece, que lo de considerar una segunda vuelta electoral, como hacen en muchos países, como Francia, no cabe en la mentalidad de muchas personas en España, y más, si son de izquierdas.

Otro dato curioso, es que antes de las elecciones generales, se convocan en la televisión, unos debates electorales con los principales candidatos, y en los debates de las dos convocatorias electorales que se hicieron en 2019, Sánchez afirmaba rotundamente ante las cámaras de televisión, que él nunca pactaría con Podemos, o con los radicales de la izquierda vasca o catalana, para formar Gobierno. Lo cierto, es que para formar su último Gobierno en 2020, olvidó su promesa, así como muchas otras, convirtiéndose así popularmente con el apodo de "mentiroso compulsivo". Tras tres meses de negociaciones secretas para formar Gobierno, Sánchez acude por segunda vez a sede parlamentaria a finales de julio de 2019 para superar la votación de investidura. En esa ocasión, se pudo apreciar al "equilibrista" Sánchez intentado convencer a sus posibles socios de Gobierno. En un mismo sitio (el Congreso de los Diputados), Sánchez ha dado cuatro discursos distintos. Es decir, me daba la idea, que ese señor, dependiendo de las circunstancias de que partido intervenía en el hemiciclo del Congreso, él da una repuesta personalizada o individual, a cada partido, según sus intereses personales. Por ejemplo, cuando hablaba hacia el líder del Partido Popular (PP) Pablo Casado, pareciera, que los señores de Podemos, no existían en su mundo. Y cuando respondía al señor Pablo Iglesias, parecía que no existía el PP, ni el partido ciudadanos en su mundo. Insisto, parecía que estábamos, ante una persona, que tenía cuatruple personalidad! Seguro que más se un psicólogo que vio al señor Sánchez en el debate, ha deducido, que estamos ante un caso típico de multiples personalidades.

Una de las mayores contradicciones del señor Sánchez, para pedir que PP y ciudadanos se abstuvieran en la votación por el bien de España, es para que supuestamente, los socialistas, no necesitasen el apoyo de los partidos separatistas o anti sistema a la hora de conseguir los apoyos necesarios en la investidura. Lo curioso de su afirmación, es que él, desde el minuto 1 después de las elecciones a finales del pasado mes de abril, ha estado buscando las mil y una formas de conseguir los apoyos de esos partidos separatistas o anti sistema.

Y si analizamos el caso de Podemos.... bueno... es para reírse un largo rato. A lo largo de tres meses, Sánchez hizo diversidad de propuestas a los podemistas. Que si primero Gobierno de Cooperación, que si luego, de Coalición, que si después de dar el si a Sánchez en el Parlamento, se les ofrece algún ministerio... y lo último de lo último, es ofrecer un hipotético ministerio de infancia que nunca ha existido en España, como una forma de buscar, o justificar, un supuesto apoyo de los señores de Podemos a Sánchez. Es decir, la filosofía del partido socialista, es crear más ministerios y cargos injustificados, para que sus nuevos socios, se llenen los bolsillos con el dinero de los impuestos de los ciudadanos. Y porqué no ofrecerles un ministerio de feminismo, o un ministerio para asuntos revolucionarios?. Creo, que allí, Pablito Iglesias caería ante los pies del señor Sánchez. En fin, la cuestión es que Pablo Iglesias, ha visto, como en las anteriores elecciones, iba perdiendo votos. Y ante ésta tétrica situación de otra posible convocatoria electoral en noviembre, en donde seguro sacaría muchos menos votos, y menos diputados, Iglesias, sabe perfectamente, que en ese momento, aún, por cosas del destino, tiene la sartén por el mango, y quiere como sea, unos ministerios, desde donde los cuales, su partido los pueda usar como plataforma electoral para sacar fama con sus ideas pro chavistas venezolanas.

Por su parte, Pedro Sánchez, está consciente de la realidad del futuro de Podemos, y él en alguna medida, ha tratado de darle largas a la agonía política de Pablo Iglesias. Sabe que si le da una vicepresidencia, o un ministerio de importancia, está con ello, poniéndole una soga a su hipotético Gobierno "progresista", ya que Iglesias, se dedicaría desde el minuto 1 en ese hipotético ministerio o vicepresidencia, ha hacer campaña electoral.

En fin, Sánchez en ese momento, tenía dos opciones: Ceder a Iglesias unos ministerios por unos meses de Gobierno, el donde Podemos intentaría sacar su mayor tajada política al usar las instituciones del Estado para financiar y hacer campaña revolucionaria. Y la otra opción, sería la de tirar la toalla, y tras no llegar a un acuerdo para formar Gobierno, convocar nuevas elecciones, en donde Sánchez deduce, que sacaría más diputados, y con ello, dependería menos de Podemos y de los nacionalistas anti sistema. La cuestión, es que ya el señor Iglesias en esos días, le advirtió a Sánchez, que arriesgarse a unas nuevas elecciones, podría implicar, que nunca un Gobierno "progresista" llegaría al poder en España.

Tras unas elecciones generales en España, la ley establece que el partido más votado, tenga un plazo de unos tres meses para formar Gobierno. Si ese partido no tiene la mayoría parlamentaria de apoyos, tiene que llegar a acuerdos con otras fuerzas políticas. Llegado el plazo, el candidato, en éste caso, Pedro Sánchez, no consigue esos acuerdos, y conseguir una mayoría de votos en el Parlamento, se disuelven las cámaras, y se convocan de nuevo elecciones. Desde prácticamente el mes de mayo de 2019, Sánchez se dedicó a repetir todos los días su discurso rallado, de que la falta de acuerdos para formar nuevo Gobierno, es por culpa del PP y el partido Ciudadanos, y no suya. Y yo me pregunto: Acaso la culpa no será del PSOE, por proponer a un candidato (Pedro Sánchez) que sólo crea crispación y confrontación. Un ejemplo claro de esa crispación y confrontación, es la pelea de la designación de sillones ministeriales con su supuesto principal aliado, los señores chavistas radicales de Podemos.

Ahora bien, si el señor Sánchez había pedido esos días a los partidos PP y Ciudadanos que no le voten en contra en la investidura, lo lógico, digo yo, es que debería proponerles algo a cambio a dichos partidos, por ejemplo, algunos ministerios, como prueba de reciprocidad. Es decir, proponerles a PP y Ciudadanos, lo que ya Sánchez le propuso a Podemos: Unos ministerios sin importancia en donde podrían formar parte personas destacadas independientes propuestas por esos dos partidos. Pero la propuesta de Sánchez en esos días es otra: Me dejan ser presidente a cambio de nada, o amenazo con que hay nuevas elecciones, y yo seguiré repitiendo que ustedes son los malos y los culpables.

Imaginemos, que en esos días, al final los señores de Podemos ceden, y por carambola Sánchez es Presidente. Bueno, creo que no hay que ser un experto, para pronosticar, que ese otro nuevo Gobierno estilo "Frankenstein", no duraría cuatro meses, ya que estarían tanto PSOE, como Podemos, en una guerra por ver quien consigue más votos para las nuevas eminentes elecciones generales de finales de 2019.

La cuestión, es que los dirigentes del PSOE, PP y Ciudadanos, conocían esa hipotética realidad de la autentica inviabilidad de un Gobierno Frankenstein con Sánchez a la cabeza y con Pablo Iglesias de ministro. A los llamados partidos conservadores o de centro derecha, no les agradaba la idea de un Gobierno con señores de Podemos. Dentro del PP y Ciudadanos, salieron voces proponiendo al PSOE, que si ese partido presentase otro candidato menos radical y fanático que Sánchez, como por ejemplo, los socialistas Emiliano García-Page, o Josep Borrell, esos dos partidos estarían dispuestos a sentarse y llegar a acuerdos para que el PSOE gobierne en solitario. La cuestión, es que Sánchez insistía que si no es él, habrán nuevas elecciones, y punto.

Tras tres meses de dimes y diretes entre el PSOE y Podemos, en cuanto a como llegar a un acuerdo y repartirse los ministerios, el día 23 de julio de 2019, a pocas horas antes de producirse la votación en el Congreso de los Diputados, Podemos acusa a los socialistas de intentar convertir secretarías de Estado en ministerios, y piden los ministerios de Trabajo, Educación, Ciencia, Industria, Transición Ecológica y Hacienda. En resumidas, han tenido tres largos meses, para llegar a un acuerdo de como repartirse los ministerios, y el último día, cuando se tiene que votar en sede parlamentaria la investidura de Sánchez, tanto PSOE, como Podemos, se siguen reprochando que ministerios quiere cada uno. Sánchez, ya en el desarrollo del debate de investidura, a la desesperada, ofrecía a Podemos una vicepresidencia de Asuntos Sociales y tres ministerios a cambio de su apoyo. El día 24 de julio, aun en pleno debate de investidura, Iglesias suelta un discurso en el Congreso de los Diputados, pidiendo a Sánchez una vicepresidencia de Derechos Sociales y Medioambientales, que coordinaría los ministerios dentro de las áreas de su competencia, y dichas áreas se distribuirían en cinco ministerios, que Podemos planteaba con la siguiente formulación: Ministerio de Derechos Sociales, Igualdad y Economía de los Cuidados; Ministerio de Trabajo, Seguridad Social y Lucha contra la Precariedad; Ministerio de Transición Energética, Medioambiente y Derechos de los Animales; Ministerio de Justicia Fiscal y Lucha contra el Fraude; y Ministerio de Ciencia, Innovación, Universidades y Economía Digital.

Se produce la votación de la investidura, y tras no conseguir Sánchez en las dos rondas de votación la mayoría de los votos necesarios, se disuelven las cámaras, y se establece que hay un Gobierno en funciones, el cual, tendría que establecer una nueva fecha para convocar elecciones generales, las cuales, se establecen para el día 10 de noviembre. El fracaso de Sánchez en la investidura de finales de julio de 2019, es motivado, a que los señores diputados de Podemos, se abstuvieron en la votación, con lo cual, Iglesias, sabía perfectamente que gracias a ello, se volverían a convocar elecciones, y con ello, podría jugar a seguir intentando coaccionar a Sánchez pidiéndole más ministerios y competencias dentro del aparato del Estado, y ver además, si los votantes desencantados del PSOE, le podrían dar mayor apoyo.

El domingo 10 de noviembre de 2019, me tocó vivir un nuevo proceso electoral en España, en donde las encuestas, daban por vencedor a Pedro Sánchez con un 30% de los votos. El resultado, ha sido, que a pesar de haber ganado con un 28% de los votos, los socialistas, perdieron 3 diputados, en relación a las anteriores elecciones de hacía unos 6 meses. Por otro lado, los chavistas españoles del partido Podemos del señor Iglesias, perdieron 7 diputados, en comparación con las anteriores elecciones hacía 6 meses. En el caso Podemos, en menos de un año, en dos procesos electorales, habían perdido más de 800 mil votos. En resumidas, parece que muchos de esos 3 millones de personas que apoyaron a Pablo Iglesias en 2015, han visto que esa ideología arcaica del chavismo comunismo, no tiene cabida en España.

Y con estos peores resultados para los llamados partidos de izquierda, y a la vista, que resultaría un suicidio, convocar de nuevo elecciones, en apenas dos horas tras conocerse los fatídicos resultados electorales, Sánchez y Iglesias, deciden formar Gobierno.

Pedro Sánchez y Pablo Iglesias, firman el pre acuerdo de coalición de Gobierno.

Resultó increíble, que el señor Sánchez, aquel que unos días antes de las elecciones afirmaba con rotundidad que la idea de que Iglesias formase parte de un Gobierno, no le dejaba dormir, anuncia un pre acuerdo, con quien hacía poco, insisto, le consideraba una especie de pesadilla, y que para rematar, a finales de julio de 2019, ya le ofrecía algunos ministerios.

Para buscar una escusa de los dos partidos, para justificar una posible alianza de Gobierno, los dos partidos deciden convocar el 23 de noviembre, una supuesta "consulta" a sus bases de militantes, y curiosamente, dicho proceso de consulta, se hace en las respectivas páginas web de dichos partidos. Así, que todo aquel, que ingresó en dichas webs, cuando se anunció por ambos partidos dichas consultas, podía darse de alta como muevo usuario, sólo aportando en ambos casos, una dirección de email, y una contraseña.

Internet, es un mundo lleno de curiosidades. En una anterior consulta realizada por Podemos en mayo del 2018 a su militancia, sobre si sus líderes Pablo Iglesias y Irene Montero, deberían seguir en sus cargos, pude ver un curioso vídeo colgado en una famosa web de vídeos, en donde un usuario, mostraba con imágenes y sonido, como se hacía un falso perfil, y se daba de alta y realizaba su voto, en cuatro o cinco ocasiones distintas. Y me imagino, que así, como hizo dicho internauta unos "votos" falsos, posiblemente, cientos de personas, habrían hecho lo mismo. Y lo más importante.... quién me da las garantías, que el resultado final que da Pablo Iglesias en rueda de prensa sobre ésta última consulta, es real?.

Ese sábado 23 de noviembre de 2019, a las 11:00 de la mañana, visité la web de Podemos, y allí, se me indicaba, que habían 521.372 personas inscritas. Y yo me pregunto, cuántas de esas personas, son reales?. O mejor dicho: cuántos votos emitidos en dicha consulta, son reales?.

A... y no hay que olvidar, que los señores del PSOE, hacen su consulta, y según ellos, unos 178 mil personas estaban llamadas a votar, y tienen la opción de hacerlo también vía internet. Y yo me sigo preguntando.... quién me da garantías de que el resultado aportado, sea real.

Al final de la consulta, según Podemos, el 97% de sus bases respaldan el Gobierno con el PSOE. Eso si, está el pequeño detalle que supuestamente en la consulta han participado 134.760 personas de los más de 520.000 inscritos. Si a ellos sumamos, que según Podemos, el 75% de sus militantes inscritos no participaron en dicho proceso, es que algo raro pasa en Podemos. Ojo... que todo ello, es con datos aportados por el mismo Podemos. Por otro lado, el PSOE, informó que el 92% de la militancia aprueba el acuerdo con el 63,1% de participación.

Es de resaltar, que Sánchez, legalmente, desde Junio de 2018, tras la moción de censura contra Rajoy, durante más de un año, ha ejercido de presidente en funciones, y en todo ese tiempo, había convocado dos procesos electorales, en donde había ganado con una minoría que no llegaba al 29% de los votos, y que además, había fracasado en dos intentos de investiduras, al no conseguir la mayoría parlamentaria en el Congreso de los Diputados. Mientras se prepara para el tercer intento de investidura en el Parlamento, no todo fue color de rosa durante su llamado "Gobierno en funciones".

Un tema que tenia de cabeza a Pedro Sánchez, era la aprobación de los presupuestos del Estado. Le ley española establece, que sin su aprobación por parte del Parlamento, implicaría en alguna medida un adelanto electoral. Ante ese nuevo fantasma, Sánchez lo tenía imposible, ya que se tenía que poner de acuerdo con el resto de partidos de izquierda y independentistas, los cuales, a cambio de dar un si a dichos presupuestos, pedían a cambio algunas cosas, que para muchos, rayaban en la inconstitucionalidad. Como es lógico, los separatistas independentistas catalanes y vascos, pedían a cambio más autonomía en sus Gobiernos regionales, como por ejemplo, las competencias en aeropuertos, autopistas, imposición lingüística del catalán o el vasco, y claro está, sin olvidar que piden más recursos económicos, o mejor dicho, más partidas presupuestarias para esas dos regiones, en perjuicio del resto de España, que pierde recursos económicos. Al final, Sánchez no pudo convencer a sus aliados de Podemos y independentistas separatistas para aprobar sus primeros presupuestos, con lo cual, le quedaba una medida excepcional para no verse visto a convocar nuevas elecciones: seguir con los presupuestos heredados de Rajoy, presupuestos, que meses antes, Sánchez los catalogaba de porquería, insolidarios. Injustos, pobres... En resumidas, el 27 de diciembre de 2019, el Consejo de Ministros de Sánchez, aprueba la extensión de las cuentas de 2018 para 2020. Los últimos Presupuestos hechos por Rajoy, se convierten los más longevos de la historia de España, y todo gracias al "incompetente" de Sánchez, quien con ésta prorroga, creó graves problemas de liquidez económica en los gobiernos regionales (comunidades autónomas), ya que con ello, los gobiernos regionales no podían actualizar los fondos del sistema de financiación, y gracias a Sánchez, recibieron menos recursos de los esperados en los primeros meses del año.

Y para la aprobación de los presupuestos del 2021, parecía que ocurriría lo mismo. Es decir, existía la posibilidad de volverlos a prorrogar. La cuestión, es que las autoridades europeas, no eran partidarios, que Sánchez, el incompetente, se pase años gobernando un país, sin aprobar unos presupuestos. Así, que Sánchez se vio en la necesidad, de cambiar su discurso, y acercarse a la tesis exigidas por los podemistas, los nacionalistas catalanes y vascos, y sectores de la izquierda radical en España.

A finales del año 2020, con el tema de un grupo de independentistas catalanes que estaban en prisión por promover un golpe de Estado, realizando una supuesta consulta o referéndum independentista en Cataluña, Sánchez opto por el discurso de indultar a esos golpistas, y por otro lado, crear una llamada "mesa de dialogo" con esos independentistas, dejando de lado, al resto de la sociedad catalana que desea estar dentro de España. Con esos dos temas, los indultos, y la "mesa de dialogo", Sánchez tenía provisionalmente el si de los nacionalistas catalanes para aprobar los presupuestos de 2021. En cuanto a la posición de Podemos, ya Sánchez había decidido dar carta blanca, a los nuevos ministros de Podemos en el Gobierno, con lo cual, esos ministerios dispondrían de mayores partidas presupuestarias, y lo más increíble aun, es que en alguna medida, desaparecían los controles de gastos de dichos ministerios, con lo cual, se podría despilfarrar a manos llenas, o mejor dicho, endeudarse más. De hecho, Sánchez batió todos los récords de endeudamiento público, lo cual, por lógica, traerá sus consecuencias con el estallido de una nueva crisis económica.

El 7 de enero de 2020, Pedro Sánchez es investido presidente de Gobierno, y al día siguiente, da a conocer su equipo de ministros, siendo en total 18 ministros y cuatro vicepresidencias, con lo cual, se convierte en el Gobierno con más ministros y vicepresidencias en toda la historia de España. Y el porqué de ello?. Muy sencillo: hay que crear más cargos para sus amigos de Podemos. En total, Sánchez da cinco ministerios y una vicepresidencia a Podemos, siendo la vicepresidencia para Iglesias. A, sin olvidar que a la mujer de Iglesias, Irene Montero, le han colocado a dedo como ministra de Igualdad. Vamos, que cualquier parecido con una república bananera, es puuuura coincidencia.

Uno de los casos o escándalos más curiosos que estallaron en España a comienzos del año 2020. Se llamó el "Delcygate". Todo empezó cuando la vicepresidenta de Venezuela, Delcy Rodríguez, la número dos del régimen de Nicolás Maduro, llegó al aeropuerto de Madrid en un vuelo privado procedente de Caracas, y tras aterrizar, fue recibida o atendida en persona por el ministro de Transportes español, José Luis Ábalos. La cuestión, es que la señora Rodríguez, en ese momento, tenía una "prohibición de viajar" a los Estados miembros de la Unión Europea (UE), por una sanción impuesta por dicha institución en el año 2018, por la violación de derechos humanos en Venezuela. Lo cierto, es que el Gobierno de Sánchez, al autorizar el aterrizaje y encuentro con un ministro del Gobierno español, violaba una normativa europea.

Tras conocerse el aterrizaje de Rodríguez en Madrid, el ministro Ábalos dio su primera versión: Dijo que fue allí simplemente a recibir a su amigo el ministro de Turismo de Venezuela, quien en ese momento, viajaba junto con Rodríguez en el avión, y que en ningún momento, Ábalos, habló con Rodríguez. Al día siguiente, Ábalos, cambia de versión, insinuando que si habló con Rodríguez. Al día siguiente cambia de versión al conocerse en diversos medios de comunicación, que escoltó o acompañó a Rodríguez dentro del aeropuerto. También se conoció en diversos medios de comunicación, que del avión privado procedente de Caracas, salieron diversas maletas, que no pasaron por lo controles de seguridad del aeropuerto, con lo cual, se insinuaba que es esas maletas había algo especial. La cuestión, es que algunos partidos políticos de la oposición, pidieron a un juez, que incautase los vídeos de seguridad de aeropuerto, para verificar, cual fue el trayecto hecho por Ábalos y Rodríguez, y conocerse si en realidad, si Rodríguez piso, o no, suelo español. A comienzos de febrero de 2020, un juez ordena incautar dichos vídeos, y a finales de noviembre de ese año, el Tribunal Supremo de Justicia español, dictaminó que Delcy Rodríguez pisó territorio español, pero que José Luis Ábalos no delinquió. Vamos, que el hecho de llevar a Rodríguez como escolta, y no evitar que saliese del avión, no implica que Ábalos cometió un delito.

José Luis Ábalos y Delcy Rodríguez.

Desde el Gobierno español, al conocerse el escándalo, dieron varias explicaciones de lo ocurrido en el aeropuerto de Barajas. Una de ellas, se señalaba que Rodríguez "no pisó en ningún momento suelo español", sino que todos sus movimientos se limitaron a la "zona internacional de tránsito" dentro del aeropuerto en Madrid. Pero lo más increíble de esta historia, son las diversas versiones que dio el ministro Ábalos sobre lo ocurrido.

A ver... no hay que ser tan adivino, para conocer, de dónde salió la orden de escoltar a la vicepresidenta de Venezuela dentro de "suelo español". Según una de las versiones de Ábalos, el ministro de interior español, Ángel Marlaska, le ordenó ir al aeropuerto de Barajas. Y lo lógico en ésta situación, era preguntar a Marlaska, quién le dio la orden a él de llamar a

Ábalos. Lo más seguro, y más lógico, es que habría tenido que ser un superior en su rango, y ese superior quién es??? Pues el señor Pedro Sánchez.

Otra de las versiones que dio el Gobierno de Sánchez, es que la señora Rodríguez, nunca salió del avión que le trajo desde Caracas. Cuando se conoció la versión de algunos policías que certificaron que la señora Rodríguez paseaba escoltada por Ábalos por el aeropuerto, apareció la otra versión, de que Ábalos fue allí para verificar que Rodríguez no saliese del aeropuerto, y que Rodríguez tomase el otro vuelo a Turquía, y con ello, evitar un conflicto diplomático. De hecho, el Gobierno de Sánchez, insinuaba que gracias a la actuación de Ábalos, se evitó ese supuesto "conflicto diplomático".

Lo cierto, es que Rodríguez aterrizó en un avión privado, y de allí, salió de ese avión para tomar un vuelo comerciar a Turquía. Cómo hizo la señora Rodríguez para poder desplazarse dentro del aeropuerto para tomar ese vuelo a Turquía sin pisar el suelo? Acaso el señor Ábalos la llevó en sus brazos?

Otro detalle en la historia de la visita de Rodríguez, fue lo publicado en esos días por el diario español ABC, en donde se indicaba que el ministro Ábalos, le dio su teléfono de uso personal a Rodríguez, para que conversase con Pedro Sánchez. Según el diario ABC, Rodríguez y Sánchez tocaron tres temas: La llegada en esos días del líder opositor venezolano Guaidó a Madrid; el caso del líder opositor venezolano Leopoldo López, que en esos días, estaba en España; y el papel de la empresa española Repsol en Venezuela.

Por cierto.... lo de Repsol, desde hacía algún tiempo, en algunos medios de comunicación se indicaba que el ex presidente español, el socialista, y "mediador internacional" de Nicolás Maduro, Rodríguez Zapatero, había dado su palabra a Maduro, de que España, invertiría millones de euros en la arruinada y destrozada industria petrolera venezolana (PDVSA), la cual, no llega a producir el 10% de su producción, gracias a los 25 años de manejo férreo del chavismo, que lo destruyó todo, y Nicolás Maduro, para conseguir más dinero fresco, cree, que Zapatero convencería a Pedro Sánchez para que Repsol suelte millones de euros, por una empresa venezolana, que ni los rusos, ni los chinos, ni los turcos, desde hace años, no quieren ver ni en pintura, ya que Maduro, ya les estafó. De hecho, hoy Venezuela tiene una deuda multimillonaria con esos tres países, la cual, se paga, con reservas de petroleo, oro y gas, que aun están debajo de la tierra sin explotar, y en donde Maduro, aspira, que Repsol, monte toda una nueva industria, para sacar ese petroleo que hoy, no es de Venezuela, si no de los rusos, turcos y los chinos. Y mientras tanto, a pesar del escándalo, el señor Ábalos, siguió en su cargo de ministro como si nada, y lo peor es que, quienes le dieron la orden de "escoltar" a la vicepresidenta de Venezuela en suelo español, siguieron a sus campas, defendiendo los intereses ocultos del régimen de Nicolás Maduro en España.

Por cierto, resultó curioso que Pablo Iglesias, como Vicepresidente del Gobierno de España, no dio declaraciones sobre el caso Delsygate, o saliera en defensa de su colega venezolana. En cuanto a quién dio la orden a Ábalos de ir a escoltar a Rodríguez en el aeropuerto, pueda ser, que quien la dio, no fue Pedro Sánchez, si no el mismo Pablo Iglesias. En fin, espero que algún día, salga la verdad.

El papel y futuro de Podemos en España.

En cuanto al panorama dentro del partido chavista Podemos, desde hacía un tiempo, se empezaba a cuestionar el liderazgo de Pablo Iglesias dentro de su partido. La estrategia que asumió el llamado "coletas", para afianzar su poder, consistió en convocar para mediados de mayo de 2020, un proceso electoral interno, para lo cual, monta un sistema de votación muy fiable para él (asesorado por Falsiani), en donde los inscritos en su partido, podían emitir su voto, vía electrónica, desde casa, o desde Caracas, o Pekín. Del total del censo del partido, que dicen que en eso momento era de unos 514 mil personas, según Podemos, sólo un 10% participó, y de ese 10%, el señor Iglesias consiguió un 92% de los votos. En resumidas, el mismo Pablo Iglesias, reconoce, que él resultó electo líder de una formación política, en donde casi el 90% de sus miembros o militantes, no le votaron. En eso se resume el modelo democrático stalinista que pregonan los chavistas en España. Imaginen, que ese modelo, exportado de Hugo Chávez de Venezuela, se aplique en España en unas elecciones generales, regionales o locales.

En el caso Venezolano, Hugo Chávez, montó un sistema electoral electrónico, en dónde él, manipulaba a su antojo, el resultado, sin que nadie, pudiese cuestionar esos resultados. Y que ha hecho el señor Iglesias en España... pues, copiar el modelo chavista en su proceso electoral interno dentro de Podemos. Es más, si alguien dentro de Podemos quiere cuestionar el resultado, pues, es imposible, ya que el sistema electoral que han montado, es secreto y incuestionable. Tan incuestionable es, que aun hay gente dentro de Podemos, que cree que al no participar el 90% del censo, eso es un ejemplo democrático. Ojo, que esa cifra del 90% es la versión oficial que da Podemos. Otra cosa, es la realidad, que quizás sea, el 96% o 98%.

Y a todo ésto, que dicen el resto de partidos, o medios de comunicación?. Lo ven como algo normal?- Vamos, que si en el PP, o el PSOE, montan unas elecciones internas totalmente manipuladas, y en donde más del 90% de sus militantes no van a votar, es que se monta un escándalo.

Volviendo al papel de Pablo Iglesias en España, tras la conformación del último Gobierno de Pedro Sánchez, éste le designa como vicepresidente, siendo el único comunista vicepresidente de Gobierno en toda Europa. A parte de él, Sánchez designa a dedo a la mujer de Iglesias, Irene Montero, como ministra de igualdad, ministerio que es creado de forma artificial para que la mujer de Iglesias pudiese estar a gusto desempeñando una tarea que le gusta, la cual, consiste, básicamente, en perseguir a lo que denomina el "machismo" en la sociedad española. Eso si, usa unas tácticas algo inquisitorias, como por ejemplo, decir o afirmar, que hay aplicar el "lenguaje inclusivo" como forma de combatir al machismo. En una ocasión, en un evento público, a la ministra se le ocurrió decir "niñas, niños y niñes". A finales de junio de 2021, en la televisión pública española, en una entrevista, Montero afirmó que el uso de "hije" es para referirse a las personas no binarias. Vamos... que su ministerio ha causado un gran revuelo, con eso del lenguaje. Pero por otro lado, resulta curioso, que la violencia de genero, siga aumentando en el país, mientras la ministra se dedica a establecer como se tiene que hablar en público. Por otro lado, referente a la participación de la mujer en en ámbito laboral, en cuanto a igualdad de sueldos, la ministra no ha movido un sólo dedo. En, en España, muchas mujeres, desempeñan tareas en las que se les paga menos por su trabajo. En resumidas, no hay cierta igualdad salarial entre hombre y mujeres, mientras que la ministra, se preocupa por establecer como se tiene que hablar en público, o que color de ropa hay que usar, ya que según ella, el color rosa "oprime y reprime" a las niñas.

Unas de las medidas o ideas desarrolladas por Pablo Iglesias a comienzos de su vicepresididencia de Gobierno en España, con la finalidad de crearse protagonismo en los medios de comunicación, y a la ves, decirles a la gente, que gracias a él, y sólo él, podrían conseguir una "paguita" gratis del Estado, fue la creación del llamado Ingreso Mínimo Vital (IMV), el cual, consiste en una ayuda económica otorgada por el Estado, a las familias con problemas de recursos. Dijo, que esa ayuda llegaría a millones de personas, eso si, sin antes especificar de dónde saldría el dinero, cuales eran los requisitos para pedir dicha ayuda, cuánto era el importe de esa ayuda, por cuánto tiempo se iba a repartir... En general, como todo buen "populista" chavista, se dedicó de decir, que él, y sólo él, era el padre de la criatura, que millones de personas estarían agradecidos gracias a él, y sólo a él. La cuestión, es que al tratarse de una ayuda económica estatal, hay varios ministerios que tienen competencias sobre el tema, y claro, uno de esos ministerios es el Ministro de Inclusión, Seguridad Social y Migraciones, el cual, no veía muy viable la idea de Iglesias.

Tras diversas discusiones, el Gobierno de Sánchez, el 29 de mayo de 2020, aprueba el IMV. Ese día, Iglesias, ante los medios de comunicación, y como "padre de la criatura", decía que "Hoy es un día histórico, nace un nuevo derecho social en España", el cual, según él, pretende llegar a 850.000 hogares (un 16% de ellos monoparentales), de los cuales 100.000 la recibirían de oficio a finales del mes de junio de 2020, y que oscilaría entre los 462 y los 1.015 euros dependiendo de la composición del hogar. Se acordó que a mediados de junio de 2020, se empezaría a tramitar por medio de una página web creada de forma especial para ello. Es decir, aquella persona interesada, tenía que conectarse a internet desde casa o su teléfono, hacer la solicitud, escanear los documentos que pedían, y enviarlos a dicha web. Se entenderá, que durante los primeros días, al haber miles de personas conectadas al mismo tiempo, la web, se saturó, y creó un total caos informático, cosa, que era predictible por parte del Gobierno. Un mes después, el Ministro de Inclusión, Seguridad Social y Migraciones, José Luis Escrivá, anunciaba, que se habían presentado más de 500 mil solicitudes, y que se estimaba que un 50% serían rechazadas. A mediados del mes de agosto, nos enteramos, que el Ministerio había informado que se habían presentado a esa fecha 600 mil solicitudes, y que para ese momento, no habían aprobado todavía ni el 1% de las solicitudes recibidas. En otras palabras, si el Ministerio seguía al mismo ritmo de tramitaciones de las solicitudes, en menos de un mes, más de 97% de las 600 mil solicitudes, serían rechazadas, ya que el Gobierno dejó muy claro, que si tras tres meses de tramitación, no había una repuesta por parte de las autoridades, dicha solicitud quedaba desestimada por el famoso "silencio administrativo". Ante el inminente aluvión de anulaciones de los expedientes, pocos días antes de finalizar los tres meses, cambian el plazo de caducidad a 9 años!.

Un mes después de la entrada en vigor del IMV, el "desgobierno" anunció que cambiaba uno de los requisitos para tramitar dicho ingreso. En principio, se había establecido que serían beneficiarios, quienes estuviesen inscritos en el Servicio Público de Empleo Estatal (SEPE) como demandantes de empleo. Pero, a alguien dentro del Gobierno, un mes después de entrada en vigor de los tramites, se le ocurrió decir que ya no era necesario cumplir ese requisito. En fin, improvisación, sobre improvisación.

Y a todo este caos de la gestión del IMV, que dijo el señor "coletas", padre de la criatura. Pues, se queja de que no está disfrutando de sus paradisíacas vacaciones deseadas.

Momento en que Pablo Iglesias, en rueda de prensa, explica la entrada en vigor del Ingreso Mínimo Vital.

Desde antes de la creación del IMV, ya se sabía que era una medida imposible de cumplir. A ver, un "desgobierno" que manifiesta que no tiene dinero para pagar las pensiones, de la noche a la mañana, no va a sacar millones y millones de Euros, para pagar el IMV. En resumidas, con el cuento de que Iglesias iba a dar una "paguita" a más de 600 mil personas, le han colado una mentira bestial a toda España.

Tras pasar un año, Sánchez anunciaba que 260.206 hogares españoles habían cobrado el IMV. Con lo cual, 682.808 personas en esos hogares disfrutaron de esta prestación económica. Si lo comparamos con la cifra de Iglesias de un año antes, que afirmaba que 850.00 hogares llegaría dicha ayuda, se entenderá que en gran medida, ha resultado un total fiasco, y más, cuando muchas de esas ayudas otorgadas, no superan los 50,00 Euros al mes, muy lejos de los entre los 462,00 y los 1.015,00 euros anunciados hacía un año por "el coletas".

Algunos escándalos en Podemos.

Tras la llegada del virus Covid-19 a España a comienzos del 2020, el Gobierno de Pedro Sánchez cometió fallos garrafales. Cuando aparecieron los primeros casos, un portavoz del ejecutivo, Fernando Simón, el 31 de enero de 2020, había afirmado ante las cámaras de televisión que "España no va a tener, como mucho, más allá de algún caso diagnosticado". Casi dos años después, habían más de 5 millones de contagios, con más de 80.000 fallecidos. Es cierto, que a muchos países les pilló por sorpresa la pandemia, pero también es cierto, que el Gobierno de Sánchez, durante el comienzo, no tomó las medidas más elementales, como por ejemplo, el aislamiento, cuarentenas, el equipamiento de hospitales, formación de personal médico y sanitario ante éste tipo de situaciones, suministro de equipos de protección (mascarillas, gel desinfectante...), etc. Para que tengan una idea de como España iba mal preparada, lo puedo reflejar en el siguiente ejemplo: Ya en enero de 2020, la comunidad china en España, se había lanzado a la compra de todo el lote de mascarillas que había en el mercado español, para enviarlas a China. Algunos medios de comunicación, enfocaban el hecho como algo curioso a anecdótico, pero que sin dudas, para alguien de media inteligencia, le habría hecho reflexionar, y tomar medidas. La cuestión, es que como el famoso señor Simón, dijo que no había peligro, desde el Gobierno, se lo tomó al pie de la letra.

Cuando empezaron a dispararse los ingresos en los hospitales, y las listas de fallecidos, sobre todo, en los centros de cuidado de personas mayores, a finales de abril de 2020, el sindicato "paralelo" del Gobierno socialista, la Unión General de Trabajadores (UGT), denunciaba que había un genocidio en las residencias de personas de tercera edad. La cuestión, es que desde el día 19 de marzo de 2020, el ministro de Sanidad, Salvador Illa, y máxima autoridad durante el estado de alarma, delegó en Pablo Iglesias la coordinación de los servicios sociales y las residencias de ancianos en España. Es decir, el "desgobierno" colocó a dedo al señor Iglesias al frente de las residencias de mayores. Así, que podríamos decir, que según la UGT, el señor Pablo Iglesias, es un genocida. Por otro lado, desde el Gobierno de Sánchez, se ha intentado lavar la cara del "coletas", al señalar que lo ocurrido en las residencias de mayores, no es su culpa, si no, de los gobiernos regionales. Lo cierto, es que en alguna medida, el Gobierno central, tiene sus competencias, y una de ellas, es vigilar, supervisar, o ayudar en alguna medida, a que el personal que trabaja en esas residencias, puedan cumplir con su trabajo en el cuidado de las personas mayores. Pero como todo fue en alguna medida, una actuación improvisada del Gobierno frente al avance del virus, lo lógico, es que el resultado, sea un caos total, con más de 30 mil muertos en esas residencias. Y ante el papel que supuestamente tenía asignado el señor Iglesias en esas residencias, qué ha hecho?. Pues, durante toda la pandemia, Iglesias nunca llegó a pisar una residencia. De hecho, el "coletas", nunca llegó a presentar un informe oficial, especificando el cómo ha participado en las ayudas a esas residencias, cuanto dinero se ha aportado, que tipo de material se ha suministrado, que seguimiento se ha hecho a los enfermos y al personal que trabaja en esos centros de cuidado. En resumidas, le han colocado a dedo en un puesto, para salir un día en los medios de comunicación, diciendo que a él le preocupan los ancianos, mientras que en la realidad, se ha demostrado el total fraude que es como ser humano. Se dice, que durante toda la pandemia, referente al tema de las residencias, sólo presidió una reunión de dos horas el día 20 de marzo de 2020, un día después de su designación a dedo en el cargo.

A mediados de junio de 2020, por lo del Covid-19, el "coletas", empezó a usar en público, una curiosa mascarilla. Y resulta curioso, que esa mascarilla, no estaba homologada, y no tenía los correspondientes permisos de las autoridades sanitarias. Y cómo es eso?. Pues, resulta, que un amigo del señor Iglesias, el jefe de prensa de Podemos, Juanma del Olmo, había creado una empresa de ropa, con la finalidad, de hacer publicidad ideológica. Camisetas, gorras, guillotinas.... y por supuesto, mascarillas, con algunos diseños estampados, en donde se hace apología al comunismo. Según ese empresa de ropa, habían lanzado a la venta una línea especial de mascarillas contra el Covid-19 de temática "antifascista, republicana, antipatriarcal, LGTB, comunista y feminista", según su propia definición. La mascarilla que usaba el señor Iglesias a mediados de junio de 2020, era dedicada a la "sanidad pública". A, y lo más llamativo de todo éste cuento, es que desde la empresa que las fabrica, aseguraban que esos artículos estaban homologados, pero que "no son un producto sanitario en el sentido de la directiva 93/42 o el reglamento de la Unión Europea de 2017/745", ni tampoco son "un equipo de protección individual" (EPI). Este producto se vendía bajo el texto "mascarilla lavable y reutilizable de tejido homologado de talla única". Se trata, por tanto, de un modelo de tela que ni es tipo higiénica (FFP1, FFP2, FFP3 y similares), ni de tipo quirúrgica (las que recomienda el Gobierno para personas sin síntomas de covid-19). Y yo me pregunto... el fabricar artículos, sin permisos, sin autorización sanitaria, violando normativas sanitarias, no es un delito en España?. En fin... como se trata del señor Iglesias, aquí no pasa nada.

Pablo Iglesias, usando su mascarilla con publicidad republicana.

Otro escándalo que salpicó a Podemos, es el llamado caso "Dina". Todo comenzó, cuando el 1 de noviembre de 2015, a Dina Bousselham, una amiga personal de Pablo Iglesias, a quien él había colocado a dedo como asesora personal en el Parlamento Europeo, le robaron su teléfono personal. Desde Podemos, dijeron que se trataba de una conspiración de las "cloacas del Estado". Pero a medida que pasaron los meses, esa conspiración, parecía que la había montado el propio Pablo Iglesias.

Tras haber afirmado Dina Bousselham ante un juez, que el señor Iglesias, le entregó la tarjeta SIM del teléfono destruida, a finales de mayo de 2020, conocemos, que la protagonista, cambia de nuevo su versión, ahora, afirmando, que el señor Iglesias, le entregó la tarjeta en buen estado, y que ella pudo comprobar, que funcionaba, y que había en su interior fotos, y alguna cosa más. La cuestión, es que Dina ante un juez ha dado tres versiones distintas de un hecho, en donde cada versión contradice a la anterior. Y me pregunto... eso no es un delito de falso testimonio?.

Dina Bousselham y Pablo Iglesias.

A comienzos de julio de 2020, Pablo Iglesias, en una entrevista en un medio de comunicación escogido por él a dedo, Radio Nacional de España, reconoció, que tenía la tarjeta del teléfono robado, y que accedió al contenido, para ver lo que había, y pudo comprobar, que habían fotos comprometedoras. Lo que no dijo Iglesias, es quién figuraba en esas fotos a parte de Dina, y si a parte de esas fotos, había algún otro tipo de contenido, como por ejemplo, conversaciones subidas de tono, o como algunos llamarían, super picantes. Pero más allá de todo ésto, se dice que en esa tarjeta SIM no sólo había fotos, vídeos y pantallazos, sino, según lo publicado por algunos medios de comunicación, también figuran otros datos como los de las tarjetas de crédito del propio Pablo Iglesias.

Imaginemos, que usted, amiga o amigo lector, es el dueño del teléfono, y usted denuncia el robo. Me imagino, que lo primero en hacer, tras denunciar el robo en la policía, y para proteger su identidad, o que el contenido de los datos del teléfono caigan en manos de un tercero, es contactar con la compañía telefónica, para denunciar el robo, y pedir, que bloqueen la tarjeta SIM, y con ello, ya cualquier persona ajena al teléfono, no podría tener acceso al contenido del teléfono. La cuestión, es que en el caso "Dina", por lo que entendemos, la propietaria nunca llamó a la compañía de teléfonos, para bloquear la tarjeta SIM. Y yo me pregunto, que si el contenido del teléfono es super comprometedor, porqué no llamó a la compañía telefónica, para bloquear la tarjeta?.

El otro detalle en esta curiosa historia, es que todos los teléfonos, están configurados, para que en caso, de que alguien quiera acceder, tiene tres intentos para acceder al contenido con una clave. Si al tercer intento, colocas una clave incorrecta, el teléfono queda bloqueado, y luego, para poder acceder, hay que ir a la compañía de teléfonos, para poderlo desbloquear. Y solamente, lo podría desbloquear el propietario, y no una tercera persona.

Y yo me pregunto... Si el señor Pablo Iglesias, ha reconocido en alguna medida, que ha accedido al contenido privado de un teléfono robado, sin el consentimiento de su dueña, eso no es un delito?. Es decir, el señor Iglesias, vicepresidente de un Gobierno, reconoce el público, que ha cometido un delito, y nadie es capaz de deducir, que ello es un delito, y que debería ser denunciado o detenido?.

Otro detalle de está historia, es que como he indicado anteriormente, para acceder a la tarjeta SIM de dicho teléfono, tiene que tener la clave de acceso. Y yo me pregunto, cómo consiguió esa clave el señor Iglesias?. Porque acceder al contenido de un teléfono robado, creo, que también es un delito. Y peor aun, si el señor Iglesias en alguna medida, llegó a manipular el contenido de los datos de la tarjeta. Insisto, el "coletas" pudo haber borrado algunas fotos, conversaciones, o haber manipulado algunos contenidos a su antojo. Insisto... el mismo señor Iglesias, ha reconocido, que ha visto el contenido de la tarjeta, y había ocultado la tarjeta durante más de seis meses, según él, para proteger la integridad de su "amiga" Dina. Y yo me digo... no sería para más bien, para proteger la integridad del mismo señor Iglesias?.

Imaginen ustedes que a un vicepresidente de Gobierno alemán, francés, o estadounidense, oculta pruebas de un delito; miente ante un juez; accede a contenidos personales de una tarjeta robada la cual, oculta por más de seis meses a su dueña, y al acceder a esos contenidos, viola la ley de protección de datos. Lo cierto es que el señor Iglesias, tiene la suerte de no haber nacido en Estados Unidos, Francia, o Alemania, ya que si lo ocurrido, hubiese sido en algunos de dichos países, sin dudas, un juez ya le habría metido en prisión. La cuestión, es que gracias a Pedro Sánchez, en España, Iglesias podía seguir haciendo lo que le diese en gana, ya que si le tocaban un pelo, se corría el riesgo de que el Gobierno de Sánchez cayese, y se convocasen elecciones por adelantado. Esa es la razón, por la cual, Pablo Iglesias, "por ahora", es intocable en España.

Otro escándalo que salpicó a Podemos en esas fechas, donde el partido formaba parte del Gobierno de Sánchez, fue referente a la adquisición de una nueva sede nacional para dicho partido en Madrid. A finales de julio de 2020, Pablo Iglesias, inaugura dicha sede, y tras ello, llegan a conocerse en algunos medios de comunicación, la historia de irregularidades o chanchullos, para adquirir la nueva sede:

1.- En su momento, cuando se plantearon cambiar de sede, planificaron, como hacer un buen negocio. Buscaron una empresa en quiebra, con un edificio que pudiese general bueno beneficios, al apuntar la necesidad de hacer reformas.

2.- Iglesias, contacta con un familiar, que tiene una inmobiliaria, para que facilitase el negocio, y parte del dinero generado de dicho negocio, se queda en familia. En resumidas, Podemos compró un edificio por 2.253.000 euros, pagados al contado, y el familiar del señor Iglesias se lleva una comisión de 72.600 euros por intermediar en la compra. Resulta curioso, que en el contrato se oculta los lazos de la dueña de la inmobiliaria con el líder de Podemos, al no colocarse el segundo apellido, el cual es Turrión. Ese familiar en cuestión, es tía segunda de Pablo Iglesias.

3.- Tras comprar la nueva sede, supuestamente descubrieron, que ese edificio, no tenía licencia de funcionamiento, y contactaron con el Gobierno de la podemista Manuela Carmena en el ayuntamiento de Madrid, para tramitar dicho permiso. Posiblemente, si hubiera sido otra persona que hubiese hecho la compra de dicho edificio, el ayuntamiento habría pedido la demolición entera del edificio, y les habría metido una multa millonaria. Otro detalle de ésta historia, es que si una persona va a comprar una casa, o edificio, lo primero que hay que hacer, es ver, si dicha propiedad tiene deudas, o cumple con todas las normas legales. Sin dudas, antes de comprar el edificio, ya sabían que se trataba de una obra ilegal, sin permiso de funcionamiento. En el "Proyecto básico de reforma y acondicionamiento" que había elaborado un arquitecto para Podemos se indica que: "Es un edificio industrial que se terminó en el año 2000 acogiéndose a una licencia de obras para la construcción de 'siete locales industriales y garaje'. La realidad es que se construyó un edificio con un solo local para uso industrial, diferente al solicitado en la licencia y que no llegó a conseguir Licencia de Funcionamiento para implantación de actividades, al resolverse los dos expedientes abiertos por caducidad por no presentar los titulares en ese momento la documentación solicitada".

4.- Podemos, dentro de su política de transparencia, presenta un plan de inversión para la reforma del edificio por un importe de 649.936,68 euros. Sin embargo, después de adjudicarse de manera irregular las obras de adecuación del edificio, el sobrecoste aumentó a 1.361.055 euros, más del doble de la cuantía inicial.

5.- Y para finalizar, en el dichoso portal del "transparencia", del cual, Podemos presume como ejemplo a seguir, dicho portal no se actualizaba desde el 31 de diciembre de 2017, y por ningún sitio, se indicaba, de donde salieron los 2.253.000 euros, pagados al contado, para la nueva sede, y los 1.361.055 euros para las reformas. Por cierto, hay quienes apuntan a una "caja B" dentro de Podemos.

Tras el lio de la nueva sede nacional del partido, en esos días de julio de 2020, dentro del propio partido, al mismo señor Iglesias le han denunciado por irregularidades en el último proceso interno dentro de Podemos, en donde él, se había montado su auto elección como líder supremo, con más de 92% de los votos, al más puro estilo Hugo Chávez. Me imagino, que no consiguió el 99,99% de los votos, por algún fallo informático.

En agosto de 2020, estalla el caso de un abogado, que era coordinador del equipo legal del partido, José Manuel Calvente, a quien le despidieron de Podemos, a mi forma de ver, por no seguir encubriendo las irregularidades que veía día a día dentro del partido. Calvente, junto a su ex compañera Mónica Carmona, que también fue expulsada de Podemos en plena investigación interna de las finanzas del partido, pusieron en manos de las autoridades policiales todos los indicios que habían recopilado. Según dicho abogado, en Podemos hay una "caja B", la cual definían en Podemos como "caja de solidaridad", en donde se lava dinero, destacando el caso de las auto donaciones. Y cuál fue la repuesta de Podemos: Acusar a dicho abogado de acoso sexual a una colega abogada dentro del partido, para luego, a finales de octubre, tras reconocer el partido que montaron una acusación falsa, el partido decide indemnizar a dicho abogado por despido improcedente con 35.000 Euros. Y me pregunto, qué pasa si otra empresa monta una acusación falsa de acoso sexual para despedir a una persona, y se demuestra que todo ha sido un espectáculo mediático para desacreditar la imagen del afectado? Pues, que a la empresa, en este caso Podemos, iría a juicio por difamación y calumnias falsas. Pero como la "empresa" llamada Podemos, forma parte del Gobierno de Pedro Sánchez, aquí no ha pasado nada. De hecho, a finales del mes de diciembre de 2020, la Audiencia de Madrid confirmó que Podemos despidió a su abogado con una falsa acusación de acoso sexual, y a Podemos, no les pasa nada.

En cuanto al tema de la famosa "caja B" de Podemos, esto se investigó en el Juzgado de Instrucción 42 de Madrid. Parte de las denuncias de Calvente, se enfocaban en los sobresueldos de los líderes del partido, así como en un contrato de la empresa Neurona por parte del partido, entre otras causas. A finales de julio de 2021, el juez instructor ordena archivar la causa. Y yo me pregunto, que si lo denunciado por el ex abogado de Podemos, no tiene base, porqué, desde el partido, le montaron una denuncia falsa por acoso sexual, y le despidieron?. En fin, como dicen por allí, "hay algo podrido en Dinamarca".

José Manuel Calvente, ex jefe de los Servicios Jurídicos de Podemos.

A parte de la "caja B" dentro de Podemos, está el lavado de dinero procedente de Venezuela y Irán, y cuidadín... cuidadín... que aun no han mirado si Rusia, tiene algo que ver en todo éste lio. Como se sabe, Rusia, en un importante aliado y defensor de los regímenes de Venezuela, y Irán, y claro, a Rusia le interesa mucho que en España, esté montado en el poder un Pablo Iglesias, cuya ideología, está muy, pero muy cercana a la del señor Putin. Y cuál ha sido la repuesta del señor "coletas" ante todo éste panorama?: "Hay un debate sobre la utilidad de la monarquía" en España; y en hablar de un tal Francisco Franco, un señor que murió hace medio siglo, y que para la izquierda progresista, le interesa resucitar en sus debates estériles.

En cuanto al papel de Iglesias, como vicepresidente de Gobierno, algunos de sus actos, han sido cuestionados. Un claro ejemplo de ello, fue su viaje a mediados de noviembre de 2020 a Bolivia, para acudir en su condición de "vicepresidente" republicano del Reino de España, a la toma de posesión del nuevo presidente de Bolivia Luis Arce. Durante su estancia en Bolivia, Iglesias desarrolló una actividad no muy clara, al asumir una actitud nada habitual de un "alto cargo" del Gobierno español, al ocultar parte su agenda protocolaria.

Normalmente, cuando una delegación española viaja a otro país en un tipo de evento similar, se establece de antemano, una agenda de actividades a realizar durante esa visita. Pero en el caso del señor Iglesias, parece, que hizo ese viaje con fines puramente personales. Por ejemplo, reunirse con "amigos" ideológicos, para decirles que "si se puede", y que él, representa el claro ejemplo de que la revolución chavista puede llegar mucho más lejos en el mundo.

Poco a poco, algunos medios de comunicación en España, fueron dando información de esa "agenda oculta" de Iglesias en Bolivia. Por ejemplo, que si se reunió con el canciller chavista de Venezuela Jorge Arreaza a escondidas; que si se reunió en una cena privada con el presidente prochavista argentino Alberto Fernández; o que si firmó en nombre de España, un documento "oficial" denominado "La declaración de La Paz", en donde aglutina la firmas de representantes de partidos políticos prochavistas, y en donde ellos denuncian el auge de un nuevo peligro en el mundo: la "ultra derecha". Se dice, que dicho manifiesto de La Paz, fue

ideado por el mismo Iglesias, y que con ello, buscaba reforzar la llamada nueva "quinta internacional comunista" (Foro de Sao Paulo y Grupo de Puebla), usando como escusa, la llamada "defensa de la democracia".
Dicho documento está firmado por:
Evo Moral y Luis Arce (Bolivia)
Alberto Fernández (Argentina)
José Luis Rodríguez Zapatero y Pablo Iglesias (España)
Dilma Rouseff (Brasil)
Rafael Correa y Andrés Arauz (Ecuador)
Alexis Tsipras (Grecia)
Daniel Jadue (Chile)
Gustavo Petro (Colombia)
Verónica Mendoza (Perú)
Jean-Luc Melenchon (Francia)
Catarina Martins (Portugal)

Resulta muy curioso, que el dichoso documento, no figuren las firmas de los representantes de Venezuela, México, o Nicaragua, países con los cuales, el señor Iglesias tiene muy buenas relaciones. Será que a esos líderes pro chavistas de esos tres países, no les agradó que un vicepresidente de Gobierno español sea quien lleve la iniciativa?.

Por otro lado, dentro de su llamada "agenda oficial" no oculta, Iglesias se reunió con la candidata a la presidencia de Perú, Verónika Mendoza, y el candidato de Ecuador, Andrés Arauz, ambos personajes pro chavistas, firmantes del llamado manifiesto. Y yo me pregunto, si es normal, que un vicepresidente de Gobierno español, tenga una agenda oficial, para reunirse de forma "oficial", con líderes pro chavistas de terceros países, en nombre del Gobierno de España. Y peor aun, que aproveche el viaje, para reunirse a escondidas, con otros líderes chavistas de otros países, desarrollando una agenda "oficial" oculta. A quienes, apuntan, que lo que hizo iglesias en Bolivia, fue asistir a una especie de mini cumbre de líderes chavistas, y todo costeado y financiado, por el Gobierno español.

El fin de la carrera política de Pablo Iglesias.

El 10 de marzo de 2021, el PSOE intenta dar una especie de "golpe de Estado" en tres gobiernos regionales en donde gobierna la oposición, presentando mociones de censura en dichos Gobiernos. En concreto de trata de las regiones de Murcia, Castilla y León, y en Madrid. En el caso de Madrid, ese mismo día, las cosas no le salieron bien al PSOE, ya que la presidenta madrileña, Isabel Díaz Ayuso, decide convocar elecciones anticipadas para el 4 de mayo, antes que se presentase dicha moción por parte de los partidos de izquierda. Tras las protestas del PSOE y el resto de partidos de izquierda, por considerar que Ayuso, no podía convocar elecciones, los tribunales le dieron la razón a Ayuso, convirtiéndose así, ante la opinión pública, en una especie de líder contra Pedro Sánchez y Pablo Iglesias. Tan fuerte fue el llamado "efecto Ayuso", que la izquierda ya daba por perdida las elecciones regionales en Madrid, con lo cual, Pablo Iglesias, viendo que su partido Podemos, podría desaparecer del mapa electoral, decide el más puro estilo Hugo Chávez (sin consultar con nadie) lanzarse como candidato a la presidencia regional de Madrid, eso sí, obligado por la ley, a tener que dejar su jugoso cargo de vicepresidente del Gobierno de España.

La campaña en Madrid, quedó enfocada en dos bandos:
Ayuso, que usó el discurso de defender la libertad frente al avance del populismo y la izquierda radical con el lema de campaña "Socialismo o libertad"; y el discurso del PSOE y Podemos, enfocado en revivir los fantasmas del pasado de la guerra civil española, con aquello de que "no pasarán", o que "Madrid será la tumba del fascismo".

Un dato curioso en la campaña electoral de Madrid, es que Ayuso convoca elecciones regionales el 10 de marzo, y el señor Iglesias, anuncia oficialmente su candidatura única y personal el 15 de marzo, con un vídeo grabado en su despacho de vicepresidente de Gobierno, con lo cual, se entenderá, que uso instalaciones y recursos del Estado, para fines personales, con lo cual, el "coletas" había incumplido el artículo 50.2 de la Ley Orgánica del Régimen Electoral General. Por otro lado, Iglesias se ve obligado por la ley a tener que dejar la vicepresidencia, la cual, oficialmente deja el día 30 de marzo, tras participar en su último Consejo de Ministros, despidiéndose de su alto cargo de Gobierno, con otro vídeo personal realizado en su despacho oficial, con lo cual, durante 15 días, usó sin escrúpulos recursos del Estado, para hacer campaña electoral, siendo ello, otra clara violación de la ley electoral.

Pablo Iglesias, en el vídeo en el que anuncia que será candidato en las elecciones del 4 de mayo en la Comunidad de Madrid.

Durante la campaña electoral, ocurrió un suceso, que causó revuelo, y que algunos apuntaron, como un espectáculo organizado por la izquierda, para ver si conseguían más votos. Todo empezó el 22 de abril de 2020, cuando Pablo Iglesias publica en su cuenta de Twitter la foto de un sobre supuestamente dirigido a él, con parte de su contenido, el cual consistía en una carta y cuatro balas. Dicha foto, supuestamente, se la hicieron llegar a Pablo Iglesias, y éste, la difundió en las redes, creando una corriente de condena de un supuesto hecho terrorista. La cuestión, es que ese sobre pasó por los controles de seguridad de Correos, y al ser escaneado, se ve, que en el interior hay unas balas. Aparentemente, la persona encargada del control del escaner en Correos, no se percató, y el sobre siguió su camino a su destino, al señor Pablo Iglesias, en las oficinas del Ministerio de Interior en Madrid, en donde por lógica, allí él no trabaja o vive. El sobre lleva tres marcas de control de Correos, en donde se dice, que tras ser rechazado en el Ministerio del Interior en Madrid, por dirección incorrecta, se procede a la devolución al remitente (A SU PROCEDENCIA), con lo cual, se entenderá, que el sobre llegó al Ministerio, y posteriormente al percatarse los funcionarios del Ministerio de Interior que Pablo Iglesias no tiene dirección física allí, lo remiten a Correos. Resulta increíble, que en el Ministerio de Interior, ese sobre pasó por los controles de seguridad, y que luego lo retornasen al supuesto remitente. Ahora bien, lo que no se tiene muy claro, es que si el sobre fue retornado a la oficina de Correos, quién posteriormente lo abrió, y pudo ver que en su interior habían balas? Según la versión del Gobierno, en el caso del sobre dirigido a Iglesias, fue retenido y abierto en el Ministerio de Interior, cosa que lo dudo, ya que en el sobre, se puede ver muy claramente, tres marcas postales en donde se indica claramente "A SU PROCEDENCIA". Estas marcas, se las han colocado tras ser retornado el sobre a la oficina de Correos. Esas marcas postales, jamás se la han colocado en el Ministerio de Interior, y más, cuando, supuestamente, tras retener el sobre, y ver su contenido. Así, que hay algo que no cuadra en toda esta historia. Lo que yo creo, es que tras retornar el sobres a Correos, alguien de carambola en Correos, pudo ver el contenido, y posteriormente, lo envían ya abierto por segunda ves al Ministerio de Interior, para las correspondientes investigaciones.

Detalle del sobre con balas enviado a Pablo Iglesias. Nótese que en el sobre hay tres marcas postales donde se señala que hay retornar pal remitente.

Ese mismo día 22 de abril, se conoció que también le habían llegado sobres de características similares a Fernando Grande-Marlaska, ministro del Interior, y a la directora general de la Guardia Civil, María Gámez.

Para dar más credibilidad a la historia montada por el Gobierno, a las pocas horas, presentan a los medios de comunicación, un comunicado, con una copia del escáner hecha por Correos, como diciendo, que los controles de seguridad en España existen, pero por un fallo humano, se colaron tres sobres con balas en su interior a su destino. Si....aunque usted no lo crea, supuestamente, en el escáner, tomaron una foto de tres sobres uno encima de otro, con balas en su interior, cuando lo lógico, es que se escanean piezas individuales, y nunca juntas una encima de otra.

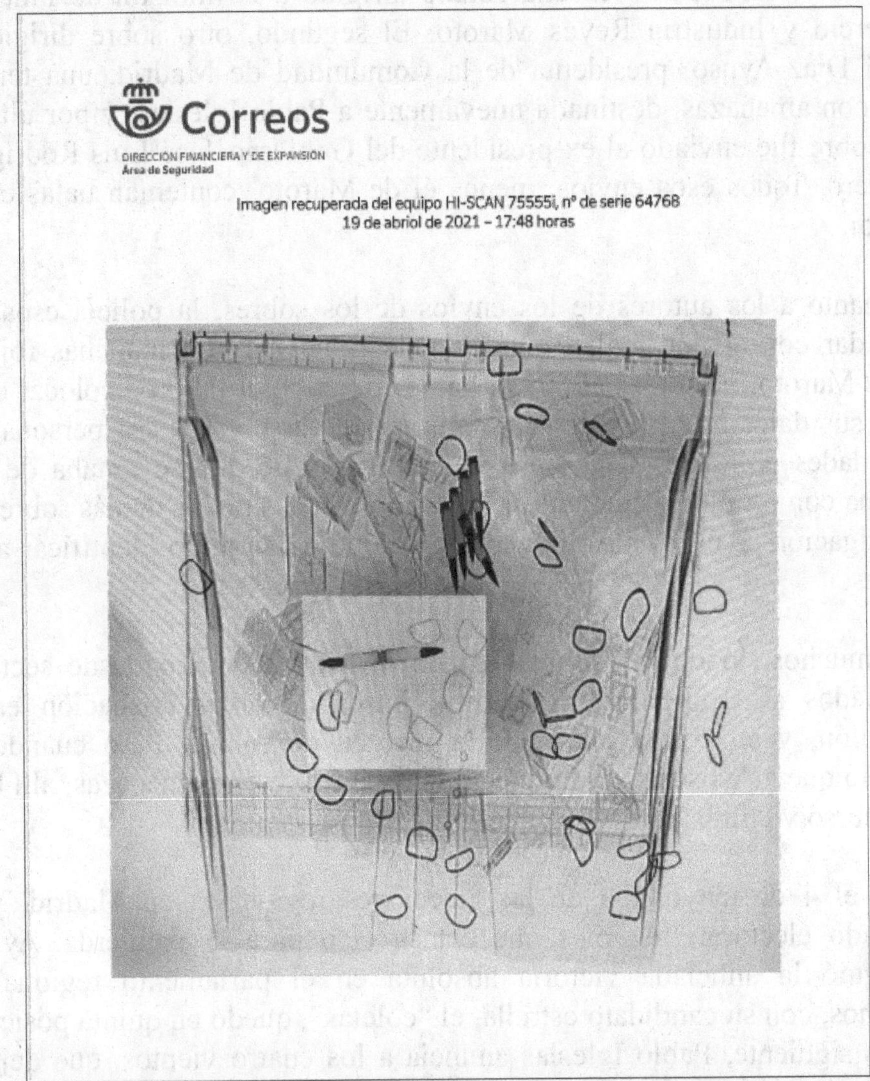

Comunicado difundido a los medios de comunicación por parte del Gobierno, en donde se muestra una imagen de los tres sobres escaneados.

Desde la izquierda, se empezó con una campaña, señalando que se trata de terrorismo de la ultra derecha, y claro, indirectamente intentan apuntar a Ayuso. Algunos medios de comunicación, tratan de ir al fondo de la historia, descubriéndose algunas curiosidades, como que por ejemplo, al funcionario del servicio de seguridad de Correos que estaba encargado de hacer los escaners a esos sobres el la sucursal de Correos en Madrid, fue destituido de su cargo.

Días después se conocieron cuatro episodios más de sobres amenazantes: el primero, un cuchillo ensangrentado dirigido a la ministra de Industria Comercio y Industria Reyes Maroto. El segundo, otro sobre dirigido a Isabel Díaz Ayuso, presidenta de la Comunidad de Madrid; una tercera carta con amenazas, destinada nuevamente a Pablo Iglesias; y por último, otro sobre fue enviado al ex presidente del Gobierno José Luis Rodríguez Zapatero. Todos esos envíos, menos el de Maroto, contenían balas en su interior.

En cuanto a los autores de los envíos de los sobres, la policía española pudo dar con el que realizó el envío de la navaja con manchas rojas a Reyes Maroto. El autor del envío, había cometido el fallo de colocar en el sobre sus datos en el remitente, y tras investigarse sobre esa persona, las autoridades policiales llegaron a la conclusión de que se trataba de una persona con problemas mentales. En cuanto al caso de los demás sobres, la investigación se cerró meses después, ya que no se pudo identificar a los autores.

Para muchos, lo de los sobres fue un teatrillo montado desde sectores vinculados al Gobierno y Podemos, buscando crear crispación en la población, y en contra claro, de la imagen de Ayuso. Pero cuando se conoció que a Ayuso también le enviaron un sobre con amenazas, allí bajo el discurso victimista de la izquierda.

Llega el 4 de mayo, día de las elecciones regionales en Madrid, y el resultado electoral, fue más que catastrófico para la izquierda. Ayuso, consiguió la anhelada victoria absoluta en el parlamento regional, y Podemos, con su candidato estrella, el "coletas", quedó en quinta posición. Al día siguiente, Pablo Iglesias anuncia a los cuatro vientos, que deja la política, con lo cual, entiende, que su proyecto chavista en España, no tiene futuro. Eso si, se marchó de la política, con los bolsillos llenos de dinero, y con otro proyecto personal, el cual, consiste en dar charlas, conferencias, participar en programas de radio, y viajar por América latina como "asesor" de líderes comunistas. Eso sí, al igual que Hugo Chávez, que había dejado a Nicolás Maduro como su sucesor a dedo, Iglesias dejó a la ministra de Trabajo y Economía Social, la comunista Yolanda Díaz, como su sucesora, como futura candidata presidencial de Podemos. De hecho, desde el mismo día 5 de mayo de 2021, Díaz empezó a hacer pre campaña electoral, cosa que a muchos les parece como algo anecdótico.

Con la huida de Iglesias, Podemos necesita renovar su cúpula, para lo cual, organizan para mediados de junio de 2021 unas elecciones internas por el famoso proceso del voto electrónico, en dónde la candidata a la Secretaría General del partido, colocada a dedo por Iglesias, la ministra de Derechos Sociales, Ione Belarra, consigue el 85% de los votos.

En resumidas, Podemos, entre los años 2020 y 2021, ha perdido fuerza en la población española. Muchos de sus primeros votantes se han sentido engañados. Con el último Gobierno de Pedro Sánchez, consiguieron cierto protagonismo mediático, ya que Sánchez a parte de dales dos vicepresidencias, y cinco ministerios, de allí, no pasaron a mejorar sus resultados electorales, y lo más seguro, es que en futuras elecciones, perderán todo ese protagonismo. Sin dudas, en mi opinión, la retirada de Pablo Iglesias, ha sido el puntillazo que ha certificado la muerte de Podemos. Podemos va por el mismo camino del partido de Alexis Tsipras en Grecia, o del Movimiento 5 Estrellas de Beppe Grillo en Italia: terminará en el baúl de los malos recuerdos.